13 Lunas

Cuaderno Menstrual
para la Creatividad con Mandalas Uterinos

Diagrama lunar-menstrual de 28 días

Incluye link con acceso gratuito al **vídeo de 1h:**
Guía de Uso 13 Lunas Cuaderno Menstrual

Expresión Interior

Primera revisión y edición de recursos recomendados: noviembre 2019.

13 Lunas: Cuaderno Menstrual para la Creatividad con Mandalas Uterinos.
Diagrama lunar-menstrual de 28 días
Valentina Raventós Márquez
www.expresioninterior.com
Madrid, España, Diciembre 2018.

Portada, contenido, diseño, diagramación, ilustraciones y mandalas:
Valentina Raventós Márquez.

13 Lunas

Cuaderno Menstrual

para la Creatividad con Mandalas Uterinos

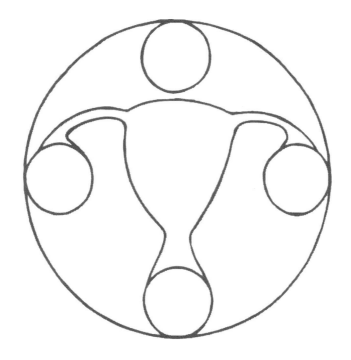

Despierta el poder de tu ciclo y tu potencial creativo innato
a través del uso de mandalas uterinos.

Diagrama lunar-menstrual de 28 días

Incluye link con acceso gratuito al **vídeo de 1h:**
Guía de Uso 13 Lunas Cuaderno Menstrual

por Valentina Raventós Márquez

Índice

PARTE III
AGENDA-CUADERNO MENSTRUAL PARA LA CREATIVIDAD CON MANDALAS UTERINOS
p.85

Propósito e Inspiración

Esta obra, este libro teórico y cuaderno-agenda práctica, está pensada no sólo como una herramienta de autococimiento y crecimiento personal, sino también como una herramienta terapéutica. Para aquellas de vosotras que deseéis despertar vuestro potencial creativo y a la vez aprender de vuestros ciclos menstruales, esta agenda será un primer paso de exploración. Y para aquellas que estéis en un proceso de terapia o pensando en iniciar uno, esta agenda os será de gran ayuda como una herramienta para generar mayor consciencia y asimilación de vuestros procesos. Así mismo, si eres terapeuta (mujer u hombre), este libro-agenda menstrual te puede abrir las puertas para conocer otra faceta de tus pacientes femeninas y utilizarlo como un instrumento dentro de la terapia, el cual os ayudará y guiará a amb@s en el camino de la sanación dentro del proceso terapéutico.

Mi deseo es que las agendas y cuadernos menstruales se conviertan en una constante en nuestra sociedad, no sólo en nuestra etapa adulta, sino que también se implementen y se enseñe su uso en la etapa escolar. Este deseo intenta ir un poco más allá, ya que también va dirigido a que nuestros ginecólog@s y especialistas en salud femenina utilicen esta herramienta para diagnosticar y tratar de una manera más holística, integral e incluso más humana a sus pacientes. Tanto hombres y mujeres no somos sólo un cuadro de síntomas, somos mucho más. En mi opinión, la medicina occidental tiene que avanzar y evolucionar drásticamente para ponerse a la altura de aquellos individuos que confiamos, parcial o totalmente, en sus conocimientos para ayudarnos con nuestro cuerpo físico. Es por ello que también considero que nosotras debemos prepararnos, informarnos y vivenciar de verdad nuestros cuerpos para ayudar a que la medicina avance a nuestro favor y no simplemente tomar su palabra sobre lo que nos ocurre por cierta e infalible al cien por cien.

La concepción de esta agenda fue producto de idear un método que me ayudase a desbloquear mi creatividad, cuando me encontraba estancada en la realización de otro proyecto literario sobre el útero y el ciclo menstrual. Dentro de mis muchas facetas, ser artista y crear a diferentes niveles es lo que mantiene el motor de mi ser funcionando. Cuando tengo un bloqueo para crear, es como si mi motor tuviese una avería y es imprescindible repararlo para que mi psique no se resienta y por ende todo mi ser (cuerpo, mente, emociones, espíritu).

El registro de mis ciclos a través de los diagramas lunares me habían ayudado a ser más consciente de mis necesidades creativas y lo que ocurría cuando las dejaba de lado. Por tanto, necesitaba una herramienta que me ayudase a pintar (o escribir) en aquellos ciclos en dónde no tenía tantas ganas de hacerlo o tenía bloqueos producidos por ansiedad o miedos. Necesitaba una idea que me ayudase (u obligase inconscientemente) a pintar de veinte minutos o más todos los días, y así constatar lo que mi instinto me decía acerca del porqué de mis cambios tan drásticos en mi ánimo cuando **no** me dedicaba a las cosas que me gustaban. Fue así como poco a poco, una idea para desbloquear mi parte creativa, se convirtió en el proyecto principal y se transformó en una experiencia increíblemente enriquecedora a lo largo de todos los meses que tomó conceptualizarla, ponerla en práctica conmigo misma y concebirla como una herramienta terapéutica y de crecimiento personal para otras mujeres que quisiesen re-descubrirse, re-conocerse y despertar su potencial creativo innato.

13 Lunas: Cuaderno menstrual para la creatividad con mandalas uterinos es mi propuesta para que conectes con esa pasión del útero. La idea es que descubras, desarrolles y fortalezcas ciclo a ciclo tu potencial creativo innato. ¿Cómo? A través de las fases de la luna y sus transiciones con respecto a tu ciclo. A través de cuadros de registro para tus cambios físicos, mentales, emocionales, sexuales, de sueño, etc. A través de diagramas lunares-menstruales esquematizados que te permitirán entender mejor tus diferentes cambios durante el mes y así puedas establecer patrones. Pero sobre todo, a través del uso activo (colorear, dibujar, pintar) de los mandalas uterinos semanales que encontrarás desplegados en cada ciclo a lo largo de este manual teórico y agenda-cuaderno de trabajo práctico.

Hay en total **13 mandalas uterinos**. Cada uno está presente cuatro veces a lo largo de la agenda para hacer su propio recorrido cíclico por las fases del ciclo menstrual. Mientras más los uses, más se despertará tu potencial creativo. Mientras más los uses (incluso sólo uno a la semana), se despertarán en ti de manera más espontánea ideas, soluciones, sueños, creaciones... no hay límite. Pintar es sólo una parte de ser creativa. Lo que nace a partir de ahí es mucho más grande y satisfactorio de lo que te puedas imaginar en un principio.

Tus ciclos te acompañarán toda la vida, incluso cuando ya no menstrúes. El conocimiento de ti misma a lo largo de todos tus ciclos menstruales serán una valiosa guía de conocimiento personal que te ayudarán a lo largo de toda tu vida. Mientras más sepas sobre ti, más llevadero se te hará el camino a lo largo de todas tus etapas como mujer.

Habrá aquellas para las que éste sea su primer contacto con un cuaderno menstrual, y luego habrá otras que ya hayan incursionado en cómo registrar sus ciclos y observar los cambios de su cuerpo a través de diagramas lunares-menstruales. En cualquiera de los dos casos, te invito a que comiences o continúes tu labor de registro y conocimiento sobre ti misma con el elemento añadido de colorear mandalas, a que expandas tu potencial creativo cada día más, y por favor, no dejes que ojos externos definan lo que tú eres.

Valentina Raventós Márquez

Antes de comenzar...

Quiero que sepas que la elaboración de este manual teórico y agenda-cuaderno de trabajo práctico y de crecimiento personal, es fruto de muchos meses de observación y autoaprendizaje sobre mi propio cuerpo y mis ciclos menstruales. Espero que a través de mi experiencia, le encuentres utilidad a esta herramienta de autoconocimiento para verte a ti misma con nuevos ojos.

Todo lo que te propongo a lo largo del contenido es producto de lo que yo he encontrado útil a lo largo de mi propia exploración. Es una guía que te ayudará en tu propio recorrido, mas no pretendo que sea una imposición. La idea es que descubras cosas nuevas sobre ti y eso incluye que se te ocurran nuevas formas de apuntar tu experiencia. Puede que descubras que hay datos que para ti son relevantes y no estén colocados específicamente en este cuaderno de trabajo.

Me hubiese gustado publicar este libro-agenda a color por las ilustraciones que hice específicamente para esto, pero de momento sólo estará disponible en blanco y negro en su formato físico. Poco a poco iré enseñando las ilustraciones a color, ya sea por mi web o por mis redes sociales. Así que deberás estar atenta o escribirme, para que te notifique cuando haya publicado contenido referente a este cuaderno menstrual.

Por otra parte, también quería comentarte que cuando llegues a los apartados que explican cómo utilizar el cuaderno-agenda, encontrarás muchas referencias acerca de la aplicación para móviles *Diaro* (sistema operativo Android), la cual es una aplicación tipo diario para escribir. Esta app la recomiendo, porque es la que yo he utilizado durante todos estos meses de trabajo (y sigo utilizando) y a mí me va fenomenal con ella. Pero que sepas que eres libre de escoger cualquier otra aplicación, o un cuaderno físico si es lo que gustas, para realizar todos los apuntes que quieras acerca de los descubrimientos que irás haciendo sobre ti misma. También, encontrarás referencia a otros libros, webs u otras aplicaciones para móviles que pueden ser de tu interés y que podrás consultar si necesitas ampliar información acerca del tema del ciclo menstrual.

Y luego, hay cuatro contenidos informativos acerca de las estaciones, colocados en los últimos cuatro ciclos de la agenda, que están basados en mi experiencia, reflexiones e interpretaciones de lo que aprendí de mi maestro Manuel Larruga sobre las estaciones y la Medicina Tradicional China, en las clases de Chi Kung (Qi Gong) a las que asistí con él durante tres años (2015-2018). Yo experimento las energías que describo de cada estación a lo largo del año. Las enseñanzas de mi maestro, me han ayudado a ser más consciente de los procesos que se desencadenan en cada una, cómo afectan a mi ciclo menstrual y cómo se relacionan con la luna.

Como yo, hay muchas mujeres alrededor del mundo dedicadas en este momento a la tarea de difundir el conocimiento sobre el funcionamiento físico y energético de nuestro ciclo menstrual. Un conocimiento hasta cierto punto **perdido** u **ocultado como tabú**, a lo largo de muchas generaciones que han estado (y siguen estando) bajo la influencia del predominio de la energía masculina en nuestro hacer, sentir y pensar dentro de la sociedad.

Este cuaderno menstrual es una propuesta para recuperar e integrar nuestra energía femenina, buscando equilibrar el exceso de energía masculina en cada una de nosotras.

Parte 1

Una guía para entender
Tu Potencial Creativo Innato

En esta sección encontrarás la información que te servirá de guía para empezar a sumergirte en el reconocimiento de tu potencial creativo innato, cómo se vincula con las fases de tu ciclo menstrual, con las fases de la luna, con sus transiciones y las estaciones, para que así puedas explorarte y aprenderte a través de los mensajes de tu cuerpo, tu inconsciente y tus emociones.

Despertando tu Potencial Creativo Femenino

Hay una frase en el relato **El Duelo,** del escritor Jorge Luis Borges, que siempre me ha gustado mucho y es: *La vida exige una pasión.* Dicho relato cuenta la historia de dos amigas, ambas pintoras, que se pasaron muchos años compitiendo la una con la otra en el ámbito de la pintura (de forma consciente-inconsciente) hasta que un día a una de ellas le da un aneurisma y fallece. La otra amiga hace una última obra, un retrato de su amiga, y no vuelve a pintar más, porque su razón para hacerlo se ha ido.

Un duelo, una rivalidad, una lucha que impulse a una superación constante es lo que nos mueve a todos de diferentes maneras. Encontrar el sentido de la vida o que cada quién encuentre su motor para levantarse por las mañanas todos los días, es algo que no sólo vemos retratado en películas, obras literarias, música, pintura y un sinfín de expresiones más, sino también es algo que en algún momento de nuestra existencia sentimos en lo más profundo de nuestro ser. Para mí, ese motor son nuevos proyectos o hobbies, a los cuales mi marido los llama mi nueva *obsesión*. Yo los llamo mi nueva *pasión*. Las pasiones-obsesiones cambian, se transforman, pero en defnitiva **mueven**. Antes, me frustraba conmigo misma porque mis "pasiones" no se mantenían iguales a lo largo del tiempo. Es decir, cualquier proyecto o hobbie, o incluso cambio de profesión tenía sus días contados, ya fuesen varios meses o varios años. Esto se traduce en que la definición de largo plazo conmigo es relativa, según de qué aspecto de mi vida estemos hablando. Esto fue así hasta que entendí que soy un ser cíclico. Mis pasiones tienen un ciclo de vida, y así como nacen, muchas de ellas tienen un fin específco que realmente no está diseñado para durar un largo período de tiempo. Entender esto internamente para mí, ha signifcado un mundo. Ha signifcado no verme con ojos ajenos, sino entender una buena parte de lo que soy: *Mujer.*

Como mujer puedo decir que ese duelo, esa rivalidad por encontrar mi lugar en este mundo, tiene su motor en mi útero, en el reencuentro con mi feminidad. Todos mis hobbies, todos mis proyectos y la gran mayoría de mis verdaderos sueños de vida, se han gestado por la energía de mi útero. Es decir, han sido fruto de mi potencial creativo femenino, fuera yo consciente de ello o no. Y si es así para mí, sospecho que para la gran mayoría de las mujeres de este planeta también, se percaten o no de este hecho, como me ha pasado a mí.

El punto es, parafraseando a Borges, que *el útero exige una pasión.* Nuestro útero nos invita mes a mes, a través de nuestro ciclo menstrual, a llevar una relación íntima e intrínseca con nosotras mismas, con nuestros pensamientos, con nuestros estados de ánimo, con nuestras sensaciones físicas, con nuestra relación con los demás y el mundo que nos rodea. Esa pasión que nos exige el útero está estrechamente relacionada con nuestra acción, con nuestra capacidad de traer al mundo de lo material aquello que sentimos de forma inequívoca en nuestro pecho, con una conexión que nos mueve (e incluso a muchas nos duele) ***desde nuestro vientre.***

Segundo: Entender tu potencial creativo

Si hablamos de despertar el potencial creativo femenino, para empezar la primera que tiene que despertar eres tú. Porque tú útero ya está despierto y funcionando y lo que hace falta es que tú seas consciente de que esto es así. Y no estoy hablando de que funciona sólo a nivel fisiológico, estoy hablando de que funciona a nivel energético también. Para ponértelo de manera sencilla, todos nuestros órganos tienen una función energética en nuestro cuerpo y esta función energética se relaciona estrechamente con nuestras emociones, creencias y patrones de pensamiento y conducta. Y no soy la primera, ni seré la última que escriba sobre esto en aras de que aprendas, comprendas y te hagas consciente de que el hecho de tener un útero conlleva consigo mucho más que meramente sangrar y reproducirse.

Mujeres como *Miranda Grey* y su revolucionario libro *Luna Roja* o *Erika Irusta* con su *Diario de un Cuerpo* y comunidad educativa menstrual *Soy1Soy4* (www.soy1soy4.com) o su blog y boletín electrónico de *El Camino Rubí* (www.elcaminorubi.com), son apenas dos ejemplos de mujeres dedicadas a crear consciencia acerca de lo que signifca e implica ser mujer en nuestra sociedad occidental. Sus trabajos

didácticos nos invitan a mirar nuestro cuerpo y nuestra esencia de mujer con otros ojos. Esta acción de mirarnos con otros ojos, los nuestros, pero con gafas de aumento, nos abre un camino de posibilidades hacia la tranquilidad mental, emocional y física que solemos echar en falta casi todos los días de nuestras agetreadas agendas, rutinas y vidas. La labor de Erika Irusta y Miranda Gray fueron un pilar fundamental en mi propio camino de exploración de mi ciclo menstrual, y de una forma indirecta, influenciaron el desarrollo de la idea para esta agenda y cuaderno de trabajo.

Sin embargo, luego de escribir el contenido teórico durante el primer año (de los casi dos años que tomó materializar al completo este libro-agenda), fui descubriendo a otras mujeres, vía redes sociales, a lo largo de todos los meses posteriores, cuya labor de servicio hacia el despertar de la consciencia sobre nuestros cuerpos de mujer, el ciclo menstrual, re-descubrir el sentirnos y explorarnos y vías para cuidarnos, es maravillosa. Aquí en España, a mí me inspiran y me nutren con su contenido por Instagram para mi auto-cuidado mujeres como Xuxa Zanz @soytumenstruacion, Marta León @foodgreenmood, Marta Torrón @martatorron, Julia Almagro @lunadominante y Mila Torró @circulo_afrodita. Hay más, pero te he dado mi top 5 para que te hagas una idea.

El punto es que: Tu potencial creativo se nutre e inspira con el potencial creativo presente a tu alrededor. Desde la naturaleza hasta otros individuos, pueden presentarse ante ti como puntos de partida para que explores aquello que sientes por dentro y que necesita salir al mundo. Nuestra capacidad para crear algo nuevo (incluso soluciones a problemas del día a día), surge del impulso interno por expresar ideas, experiencias, emociones y sensaciones que nuestro ser interior va recopilando, cual disco duro de un ordenador, de forma constante e implacable. Esos impulsos internos se nutren de la información exterior y su efecto directo o indirecto sobre nuestras emociones, pensamientos o sensaciones físicas.

De esta manera, y para ejemplificar cómo tu potencial creativo se nutre e inspira con el potencial creativo presente a tu alrededor, te contaré brevemente mi caso personal. Para empezar, soy artista y terapeuta holística, lo cual me impulsa constantemente a conocerme mejor y buscar las herramientas necesarias para expresar mi ser interior. Segundo, según las situaciones y circunstancias que esté viviendo en un momento determinado, se genera en mí una nueva inquietud, una nueva pasión, para entender y explorar dicha situación al máximo. La inquietud que dio origen a la idea para esta agenda y cuaderno de trabajo, se basó en mi necesidad "obsesiva" por conocer mejor a mi útero y a mi ciclo menstrual. Dicha necesidad se debe a que los miomas presentes en mi útero desde hace ya varios años (2010), de pronto comenzaron a crecer y generarme secuelas mentales, emocionales y físicas importantes (a partir de junio 2015). Me empecé a desangrar lenta y paulatinamente durante meses con menstruaciones que podían durar entre diez y trece días, con un total de flujo sanguíneo fuera de mi cuerpo de entre 300 y 500 ml. Resultado, a finales de enero de 2017, anemia ferropénica. Luego, a principios de febrero 2017 comencé un tratamiento para la anemia con comprimidos de hierro y pastillas antifibrinolíticas para detener o minorizar el excesivo sangrado. Entonces, contra cualquier pronóstico normal, mi flujo en vez de disminuir, aumentó hasta 1000 ml (1 litro de sangre). Uno de los miomas intramurales había crecido más rápido de lo que venía haciéndolo en el último año y medio, estableciendo su diámetro con medidas de 5,4 x 3,9 cm. A partir de ese momento, no sólo se ubicaba en el espacio intramural, sino también una porción se había hecho paso a la cavidad uterina y el endometrio, lo cual lo convirtió en un mioma con componente submucoso, que son los que ocasionan este tipo de sangrado. Teniendo en cuenta también que mis ciclos siempre han sido cortos (21-24 días), sólo contaba con una semana de descanso sin sangrar antes de empezar un nuevo ciclo dentro de este escenario. Pero no puedo echarle la culpa al tratamiento de hierro, ni a las pastillas antisangrado, ni al mioma que había crecido. El mioma creció, porque en mí se estaban gestionando muchos factores psicológicos y emocionales que contribuían al "empeoramiento" de los síntomas. Estas secuelas me gritan constantemente que necesito pararme en seco y escuchar con atención lo que mi ser interior me intenta decir. Antes del diagnóstico de anemia, mi cuerpo me limitó mi actividad física casi por completo, mi mente día sí y día también estaba más disperso que centrado y muy agotado, y mis emociones no salían del matiz apático y poco alegre frente a casi cualquier situación. De no ser por las clases semanales de yoga que impartía y las de Chi Kung a las que asistía, creo que pudiera haber sido mucho peor. Con el tratamiento de hierro (y tuve que probar con varios hasta dar con uno que mi cuerpo pudiera tolerar y asimilar mejor), un cambio de ginecóloga que me ofreciera otras soluciones, y sesiones semanales de acupuntura durante diez meses, mi cuerpo, mente y emociones recuperaron un poco su energía.

Cuando el cuerpo literalmente se desangra cada dos semanas, o le haces caso o te mueres, tanto física, psicológica y emocionalmente. La medicina tradicional sólo trata síntomas físicos, y yo sé que la raíz de mis síntomas tienen una base psicológica y emocional importante. Mi experiencia como terapeuta holística y procesos de terapia y crecimiento personal me hacen consciente de este hecho. Por tanto, para mí fue evidente desde finales de 2015 que tenía que indagar y establecer una conexión más profunda con el órgano dónde se estaba materializando el problema físco: mi útero. Aún continúo en el proceso de integrar y trabajar sobre las razones psicológicas y emocionales de mi situación uterina, pero *el aprendizaje y conocimiento de mí misma a través de mi inmersión en el funcionamiento de mi ciclo menstrual, ha dado como resultado un proyecto creativo mucho más enriquecedor del que me hubiese imaginado.* A pesar de lo desagradable, molesto, e incluso muchas veces desesperante, de todos los síntomas que me han generado mis miomas, estoy profundamente agradecida por su llamada de atención. *Es gracias a ellos que he podido nutrirme del trabajo y la labor realizada en este tema por otras mujeres,* que aunque no hablen de miomas, sí lo hacen sobre el ciclo menstrual, los arquetipos femeninos, nuestra conexión con la luna y el reconectar con nuestra esencia de mujer. Gracias a ellas he visto facilitado el camino de mi propia exploración y sé que los miomas dejarán de generarme síntomas en el momento en el que integre su mensaje para mí y piense, sienta y haga desde un lugar de coherencia conmigo misma.

No sólo las obras de Miranda Gray o Erika Irusta me han servido de inspiración para el desarrollo de esta agenda como herramienta creativa y terapéutica. También han sido un excelente caudal de creatividad la labor realizada por *Karina Falcón* con sus boletines electrónicos de

MujerLunar.com, *Laura Martínez Hortal y Julia Larotonda* con su ***Agenda de la Mujer,*** *Pabla Pérez San Martín* con su libro ***Manual Introductorio a la Ginecología Natural,*** y *Marie Barbilla y Rebeca Podio* con su ***app Goddess Moon Dial*** (www.goddessmoondial.com) para dispositivos Apple, en la cual no sólo puedes registrar tu ciclo menstrual, sino que también te ayuda a conocer la relación entre las fases de tu ciclo, los arquetipos femeninos que actúan en cada una y su conexión con las fases de la luna. Otras app (para Android) que también me han inspirado son: *Diario Femenino, Woman Log, Calendario de la Menstruación y Flo.*

Pero no hace falta vivir una situación extrema con tu útero para que sientas la necesidad de conectarte con él y con quién eres tú realmente. *Tampoco lo es para sentir el deseo de ser más creativa (porque pienses que no lo eres)* y desees buscar un método o una herramienta que te ayude a sacar ese potencial. Tenemos una gran cantidad de impulsos, emociones y pensamientos distintos a lo largo de nuestro ciclo menstrual. Muchas veces, sentimos que nuestra vida no se corresponde a las exigencias sociales, y que por más que intentemos administrar eficientemente nuestra agenda, nuestro cuerpo, nuestra mente y nuestras emociones, la mayoría del tiempo, éstas no nos hacen caso con lo que hemos planifcado para ellas. *Y ahí está el asunto, tú no planifcas para ellas, ellas planifcan por y para ti, en la medida en que no seas consciente de tus verdaderos deseos y acalles los impulsos provenientes de tu ser ser interior a lo largo de cada día, de cada uno de tus ciclos.* En la medida en que te abras a experimentar cómo comunicarte contigo misma y tus diferentes facetas, más interesente, menos estresante, e incluso gratifcante, será el hecho de descubrirte a ti misma.

La energía cíclica de nuestro útero nos proporciona diferentes "personalidades" a lo largo del mes y cada una de esas personalidades tiene pensamientos, sensaciones y emociones determinadas. No somos robots ni seres lineales. Y sin embargo, muchas de nosotras intentamos comportarnos y dirigir nuestras vidas como si lo fuésemos. ¿Serías capaz de identificar las diferentes personalidades que tienes a lo largo del mes? ¿Sabes que en ti existen cuatro mujeres (a veces más) que quieren, sienten y piensan de manera distinta?[1] ¿Y que si no les haces caso, se

---

1   Concepto muy utilizado por Erika Irusta en sus diferentes plataformas (Blog: *ElCaminoRubi.com*, libros como *Diario de Un Cuerpo* o su comunidad educativa: *Soy1Soy4.com*). Igualmente, Miranda Gray en sus libros *Luna Roja y Las 4 Fases de la Luna Roja* (este último, anteriormente publicado con el título de "Momentos óptimos de la mujer"), habla sobre los cuatro arquetipos femeninos que las mujeres experimentan durante sus ciclos menstruales.

rebelan contra ti a lo largo de todos tus ciclos? Cada una de ellas tiene su creatividad particular, y dependiendo del área en que las hagas desempeñarse, brillarán, no lo harán tan bien o no harán nada en absoluto. Cada una de ellas crea o destruye, según sus necesidades más íntimas. ¿Quieres estar en lucha constante contigo misma y con el mundo hasta que dejes de menstruar, porque no te conoces lo sufciente? Eso no te ofrece ninguna garantía de nada, porque incluso después de la menopausia esa lucha interna seguirá en ti manifestada de diferente manera si no te has tomado el tiempo de trabajarla con anteriordad. Te invito a que te **re-conozcas** y a que re-conozcas en tu útero el órgano creativo por excelencia que es. *Todas esas mujeres que hay en ti te están haciendo un llamado a CREAR cosas y nuevas realidades/ experiencias en tu día a día.*

Podemos crear vida o crear muerte en cualquier ámbito en el que nos desenvolvamos, incluyendo nuestro mundo interior y la relación con nosotras mismas. Muchas mujeres crean a partir de lo que creen que son, y por lo general esas creencias son de desvalorización y minusvalía, porque es lo que la sociedad y la cultura con predominante energía masculina en la que nos hemos criado nos ha enseñado a lo largo de nuestra vida. Esto de forma sencilla significa que nos han metido de manera sistemática en la cabeza que nuestro valor como personas y mujeres empieza en la medida en que compitamos y nos esforcemos siempre al máximo, que creamos que las cosas bonitas y que merecen la pena se compran, que nuestro cuerpo es una máquina y debe obedecernos y no al revés, que somos lo que hacemos y no simplemente somos lo que somos. Vivimos con una agobiante montaña de expectativas sobre cómo debemos ser y lo que tenemos que hacer para ser felices, que nos olvidamos de nuestra esencia. *Somos artistas natas con una inmensa capacidad para ver y apreciar la belleza que nos rodea. Es hora de que seamos conscientes de ello.*

Tercero: Entender que tu útero no es lineal, es cíclico

Para entender la ciclicidad del útero se hace necesario hacer una diferenciación básica entre el concepto de *lineal* y el concepto de *cíclico*. Lineal es algo que tiene un punto de partida y un punto donde finaliza. En cambio, cuando hablamos de cíclico, es algo que tiene un punto de partida, pero cuyo punto final es el mismo punto de partida, de donde volverá a empezar para realizar otra vuelta en un círculo infinito. La naturaleza y los astros son el mejor ejemplo de lo cíclico.

Todos los seres vivos poseemos energía cíclica y ésta se mueve por dentro y alrededor de nosotros a través de vórtices o esferas de energía llamadas chakras. ¿Estás familiarizada con los chakras? Son los centros de energía presentes en nuestro cuerpo y que nos movilizan, de una forma determinada hacia uno u otro lado, en nuestro hacer, sentir y pensar en nuestra vida. Un desequilibrio o incluso bloqueo en alguno de estos centros puede reflejarse en el plano físico como enfermedades, ya sean puntuales o crónicas. Y ¿sabías que al útero se le relaciona con el primero y el segundo chakra, siendo su conexión más fuerte con el segundo?

Al **segundo chakra** *"se le relaciona con el deseo, el karma, las emociones, el placer, la sexualidad y la sensualidad, la intimidad, la vida social, los celos y el amor de pareja. Pero también es el encargado del* cambio y del movimiento. Su activación estimula la creatividad, la sensualidad y las relaciones"[2]. No es poco para un solo chakra y ya te puedes hacer una pequeña idea de sus implicaciones en tu día a día.

Cambio y movimiento. De eso van los ciclos menstruales, de eso va tu útero. Cada mes tienes un nuevo ciclo menstrual, y a lo largo de ese mes, experimentas no sólo cambios físicos, sino también emocionales y mentales que te exigen ser de una manera o de otra. Por eso, quiero hacer un especial énfasis en la frase del primer apartado, *Entender el duelo del útero*, de que *"tu útero exige una pasión".* Porque si no te compenetras con tu útero, no escuchas los mensajes que día a día, semana tras semana y ciclo a ciclo te está enviando, muy probablemente sufras de una gran frustración contigo misma por no ser capaz, por no rendir lo suficiente, por ser una inadaptada, entre muchas otras cosas que se te puedan venir a la cabeza, y que no son más que una profunda desconexión con tu útero. Esto, producto en gran parte del esquema lineal y con exceso de energía masculina en el cual hemos crecido y que se nos ha inculcado.

Tu útero no es lineal, es cíclico. Por tanto TÚ no eres lineal, TÚ eres cíclica. Formas parte de la naturaleza (como todos), pero compartes con la luna y la tierra el don de la ciclicidad. El ciclo de la luna influye en tu ciclo menstrual, así como también lo hacen los cambios estacionales. El cómo piensas, cómo te sientes físicamente y lo que sientes emocionalmente durante tu ciclo menstrual, no sólo viene determinado por cambios cíclicos químicos propios de tu cuerpo, sino por tu conexión (consciente e inconsciente) con los ciclos de la luna y las estaciones de nuestra madre tierra.

Así que ya va siendo hora que tú, yo y todas, obremos por conectar día a día con aquello que nos apasiona y nos mueve. Somos mujeres y como tales debemos asumir que se nos ha otorgado un gran don, el cual no debemos desperdiciar. Cuando hay un don hay una responsabilidad. *Es nuestra responsabilidad como mujeres hacernos cargo del potencial creador y movilizador de nuestro útero.* Si no, seremos víctimas de la otra cara de la moneda, que vendría siendo el potencial destructor y paralizante, o de estancamiento.

Y cuando hablo de crear, no sólo me refiero a la imagen mental que muchas tenemos del concepto de ser una artista (pintoras, fotógrafas, músicas, cantantes, bailarinas, etc.). Estoy hablando del grandísimo don que poseemos de crear en múltiples niveles dentro de todos los aspectos que conforman nuestra vida o su energía opuesta. Desde nuestro grandísimo don de empatía que

---

2   Del Blog de El Método Silva de Vida - Segundo chakra: Funciones y maneras de activarlo (http://blog.metodosilvadevida.com/segundo-chakra-funciones-y-maneras-de-activarlo/)

nos ayuda a crear o destruir relaciones. O nuestro increíble don de engendrar, gestar y dar luz a proyectos individuales y colectivos o hundirlos en la miseria por apatía o incluso celos. O nuestro maravilloso don de crear espacios físicos de armonía, orden y belleza en nuestros hogares o lugares de trabajo o vivir y trabajar en el más completo desorden, suciedad y caos. O incluso nuestro don de cocinar con placer y con amor (así sea un simple bocadillo/sándwich) y compartirlo con nuestros seres queridos o hacerlo por mera obligación con actitud rabiosa y de reproche. Y así, multitud de situaciones cotidianas que forman parte de nuestro día a día y en las cuales tenemos una elección de crear una vida brillante, no sólo para nosotras, sino para todos los que están a nuestro alrededor, o de generar la energía totalmente opuesta que nos suman en el victimismo y el sufrimiento o incluso en un inconformismo constante lleno de frustraciones. Puede sonar un poco utópico o irrealista para las más escépticas, pero sabemos que no hay actos, emociones o pensamientos pequeños. Son sólo las interpretaciones y los subsecuentes juicios que les otorgamos, que determinan realmente el valor de dichas emociones, pensamientos y actos.

Mientras más consciente seamos de nuestro don como mujeres, más en paz y coherentes nos sentiremos con lo que tenemos y hacemos en esta vida. *Sólo recuerda, los ciclos tienen altos y bajos. Por tanto, es perfectamente normal que tú, como mujer cíclica, también los tengas.* Sé consciente de ello, **conecta con tu útero y descubre tu pasión.**

Los Mandalas como Herramienta para Despertar tu Potencial Creativo

El acto de pintar mandalas es un ejercicio meditativo que nos obliga a centrarnos en el aquí y ahora, vaciando poco a poco nuestra mente o nuestra sensación en bucle del momento. Solemos mantener nuestra mente ocupada en pensamientos relacionados con situaciones pasadas o situaciones futuras que aún no han ocurrido, bloqueando así nuestra experiencia del momento presente. Esto ocasiona que nuestras emociones y el estado físico que éstas generan se mantengan durante largos períodos de tiempo de manera indefinida, impidiendo que fluyan.

A través del dibujo de mandalas, le estaremos dando la oportunidad a nuestro ser interior de bajar las revoluciones y hacer una especie de reseteo (como cuando un ordenador se queda colgado), que trae como consecuencia un estado anímico de tranquilidad e incluso satisfacción. La meditación activa que se produce por medio de la concentración empleada para colorear o crear un mandala desde cero, posibilita el flujo de información entre nuestros distintos estados de conciencia, transformando nuestra energía física, mental y emocional, lo que a su vez *ayuda a despertar a nuestro potencial creativo femenino*.

Pintar mandalas abre la puerta de nuestro inconsciente, de nuestros sueños y deseos ocultos. Sirve como canal y herramienta para liberar energía estancada, poniéndonos en acción. Pintar mandalas de una manera sistemática, posibilita el diálogo con nuestro mundo onírico, haciendo que tengamos sueños más vividos y seamos capaces de recordarlos. Esto, en conjunción con las diferentes fases de nuestro ciclo menstrual, hace que se nos revelen inquietudes y mensajes que nuestra alma y nuestro ser más esencial quieren comunicarnos para que tomemos acción en el momento de despertar. Muchas veces no sabremos cómo interpretar dichos mensajes ni su increíble simbología. Sin embargo, tendremos la seguridad de estar estableciendo un puente de comunicación con los deseos e inquietudes de nuestro ser más íntimo.

El pintar mandalas de manera sistemática no sólo activa nuestra capacidad para soñar de forma más vívida y luego recordarlo. También, activa la capacidad de generar *ideas inspiradas*, provenientes de la recopilación y análisis consciente-inconsciente de la información que permanece guardada de nuestras experiencias vivenciales y de nuestro conocimiento intelectual adquirido.

Lo importante es no dejar de pintar. *A través del dibujo de mandalas, nuestro inconsciente va poniendo orden en nuestro mundo interior*, le va dando sentido al caos, atendiendo/resolviendo de una u otra manera distintos aspectos de lo que nuestro cuerpo, nuestra mente y nuestras emociones necesitan para ponerse en acción, liberar energía estancada y sentirnos más serenas o centradas en las diferentes áreas de nuestra vida.

Nunca dejará de sorprenderme el increíble poder de transformación del estado anímico que tienen los mandalas sobre mí. *Expresar con colores y formas nuestras emociones, preocupaciones y sentir del momento, genera un efecto catárquico* cuyo resultado visual llega a ser realmente sorprendente. Yo he pintado algunos de los mandalas más hermosos estando en estados de confusión, angustia, tristeza e incuso con mucha ira y enfado.

Mandalas Uterinos

Los mandalas que encontrarás en esta agenda y cuaderno de trabajo son únicos y originales, ya que los diseñé específicamente para trabajar la energía creativa innata de nuestro útero.

Mi relación con el trabajo de mandalas es muy cercana. Gracias a ellos, y a través de uno de mis procesos terapéuticos (2012-2013), descubrí mi olvidada pasión por pintar. *Los mandalas siempre me ayudan a regresar a mi centro*, a redescubrir una y otra vez el porqué es tan necesario para mí pintar. Si no pinto algo, o varias cosas durante el mes, toda mi psique se resiente, mis frustraciones aumentan, mis emociones de ansiedad, tristeza, enfado, inconformidad, vacío, etc., todas se ven exacerbadas y puedo llegar a pasarlo muy mal.

A medida que avanzaba en la observación y registro de mi propio ciclo menstrual, el hecho de no pintar o escribir durante el mes, hacía cada vez más evidente secuelas desfavorables en mis estados de ánimo y pensamiento. En todas las ocasiones en que no le hacía caso a mi útero o a mis voces internas que me pedían escribir, pintar o hacer algo creativo con mi energía, mis ciclos eran o más dolorosos, o sangraba muchísimo más, o me machacaba más a mí misma en la fase premenstrual con pensamientos autoexigentes y desvalorizantes, o definitivamente me sentía más incompleta y menos en paz conmigo misma.

De esta manera fue que surgió la idea de una agenda menstrual para la creatividad. Esto, añadido al hecho de que estaba intentando desarrollar otro proyecto literario en relación al útero y me encontraba absolutamente estancada. Necesitaba de algo más que el sólo registrar las energías dentro de mi ciclo en un diagrama lunar y los subsecuentes apuntes pertinentes a cada día dentro de mi ciclo. Estos registros y apuntes igual son importantes, pero requería de un elemento extra. Necesitaba una herramienta que me ayudase a pintar (o escribir) en aquellos ciclos en dónde no tenía tantas ganas de hacerlo o tenía bloqueos producidos por ansiedad o miedos. Necesitaba un empujón añadido que me ayudase a no decaer tan en picado cuando hacía lo que justamente no tenía que hacer: no ser creativa.

Porque **crear** está en mi naturaleza, así como ver las conexiones y posibilidades de otras ideas ya establecidas para mejorarlas o adaptarlas a una necesidad más específica. Por tanto, precisaba de una idea que me ayudase (u obligase inconscientemente) a pintar de veinte minutos o más todos los días, y así constatar lo que mi instinto me decía acerca del porqué de mis cambios tan drásticos en mi ánimo, cuando no me dedicaba a las cosas que me gustaban. *Requería de una herramienta que me diera una rutina o guía para mantener cierto grado de equilibrio en mis estados emocionales y mentales.*

Los mandalas uterinos son el resultado de esa búsqueda de equilibrio, no sólo para mí, sino para otras mujeres que sé que seguramente se encuentran en la misma búsqueda. *Son mandalas para ayudar a conectarnos con nuestro inconsciente, con nuestro útero y con nuestras necesidades internas.* Son una herramienta para despertar el potencial creativo innato presente en cada una de nosotras, es decir, nuestro potencial creativo femenino. Mientras más los utilices, más notarás los cambios o efectos que éstos tienen sobre tus rutinas, formas de pensar, emociones y por supuesto en tu creatividad. *Son mandalas que despiertan ideas, así como impulsos y emociones que necesitan salir de nuestro acorazado interior.*

Cuatro Fases, Varios Ciclos
Menstruación, Luna, Estaciones y Arquetipos

Tu ciclo menstrual atraviesa cuatro fases, de la misma manera que lo hacen la luna y las estaciones. Todas están interconectadas y se las relaciona a su vez con cuatro arquetipos femeninos. Todas estas interconexiones son guías que te ayudarán a conocerte o re-conocerte con una nueva mirada. No son patrones estrictos. En cada mujer se desarrollan características distintivas que hacen cada interconexión única. Los puntos comunes entre todas son los que te permitirán ir observando cómo se materializan en ti para que así puedas ir recreando tu propio yo.

Empecemos por ubicar y nombrar en un cuadro comparativo cuáles son las cuatro fases del ciclo menstrual y su correspondencia con las fases de la luna, las cuatro estaciones, los arquetipos femeninos y los arquetipos femeninos que se utilizarán en esta agenda-cuaderno de trabajo.

Fases del ciclo Menstrual	Fases de la Luna	Estaciones del año	Arquetipos Femeninos	Arquetipos Femeninos para esta agenda
Menstruación	Nueva	Invierno	Bruja o Anciana/Sabia	Mujer Instintiva
Pre-Ovulación	Cuarto Creciente	Primavera	Virgen o Doncella	Mujer Lúdica
Ovulación	Llena	Verano	Madre o Gaia	Mujer Brillante
Pre-Menstruación	Cuarto Menguante	Otoño	Hechicera	Mujer Inquisitiva-Visionaria

Los cuatro Arquetipos Femeninos, alias, tus cuatro yoes interiores:

Si eres de las que en alguna ocasión se ha puesto a indagar sobre los cuatros arquetipos femeninos que se relacionan con las cuatros fases del ciclo menstrual, te habrás encontrado la mayoría de las veces con los nombres de **Bruja** o Anciana sabia para la *fase menstrual*, **Virgen** o Doncella para la *fase pre-ovulatoria*, **Madre** para la *fase ovulatoria* y **Hechicera** para la *fase premenstrual*.

Mi viaje de exploración comenzó con estos estos cuatro arquetipos al leer uno de los libros que impulsó con más fuerza al movimiento de mujeres que quería recuperar o reconectar con su feminidad a través del útero y el ciclo menstrual. Hablo del libro **Luna Roja** de *Miranda Gray*. En mi opinión, si bien es cierto que un punto de partida es mejor que ninguno, estos arquetipos en su forma tradicional son difíciles de asimilar para una mujer del siglo veintiuno. Por lo menos así lo he vivido yo. A mí me suenan a Edad Media y un tanto anticuados, teniendo en cuenta que vivimos en plena era tecnológica, así como en una era que apunta cada vez más hacia una transformación en el ámbito espiritual y del desarrollo personal. Los conceptos de *Bruja, Virgen, Madre y Hechicera* están tergiversados en nuestra sociedad hasta tal punto, que el tener una imagen mental clara de que nosotras somos cada una de esas mujeres, que somos cada uno de esos cuatro arquetipos, se hace raro. Pero he de aclarar, que si tú te identificas con el nombre de estos cuatro arquetipos, los utilices e integres en tu día a día.

Debo agradecer a *Erika Irusta* por su blog ***ElCaminoRubi.com*** y sus boletines electrónicos, porque me abrió la mente para no quedarme estancada con el nombre de cuatro arquetipos que yo no terminaba de ver como algo realmente mío. Fue mucha más sencilla la transición, una vez que empecé a definir mis cuatro arquetipos por el nombre de las fases del ciclo menstrual y no por el nombre de los arquetipos propiamente. *¿De cuántas fases de tu ciclo menstrual eras consciente tú antes de toparte con esta agenda?* Yo sólo estaba al tanto de dos, la fase menstrual y la premenstrual, antes de empezar a re-conocerme. Sabía que entre medias o en algún punto del ciclo ovulaba, pero no asociaba este hecho con que la ovulación era también una fase. Y por su puesto, de la pre-ovulatoria no era consciente ni conocía su participación en el ciclo.

Si una mujer en la actualidad ni siquiera es consciente de cómo funciona su ciclo y los cambios que surgen en cada fase, ¿cómo les puedes pedir que, además de que se enteren de que transitan por cambios hormonales que las hacen ser distintas cada tantos días dentro del mes, lo asocien a su vez con un nombre de un arquetipo que a priori nada tiene que ver con ellas? Absurdo. Hay que empezar por lo básico y de ahí intentar relacionarlo con algo que veamos más a nuestro alcance o más cercano a la energía que solemos experimentar en cada fase. **Yo compartiré contigo los nombres que he ideado para estos cuatro arquetipos y que yo siento que resuenan con mi ideal de lo que representa cada uno.** Nuevamente, tú eres libre de escoger la terminología que más resuene contigo.

No fue hasta que me topé con un segundo libro de Miranda Gray, **Las 4 Fases de la Luna Roja** (anteriormente publicado con el título *"Momentos óptimos de la mujer"*), mientras estaba con el desarrollo de esta agenda, que nuevos nombres más asequible para los arquetipos se pusieron de manifiesto. Y por un tiempo me identifiqué con estos nombres, para luego darme cuenta que mi interior me pedía nombrarlos de una nueva forma. Miranda Gray explica a lo largo de todo el contenido de ese libro, los momentos óptimos para utilizar la energía que desplegamos durante cada fase de nuestro ciclo menstrual para una tarea u otra (tanto física, mental y emocional). De esta manera, redefine a las fases del ciclo como **Fase Reflexiva** (Menstrual), **Fase Dinámica** (Pre-Ovulatoria), **Fase Expresiva** (Ovulatoria) y **Fase Creativa** (Pre-Menstrual). Los nombres para los arquetipos, por tanto, con los que yo me identifiqué una buena temporada, fueron los otorgados por ella para las fases. Es así como los cuatros arquetipos se convirtieron para mí durante un tiempo en *la Mujer Reflexiva, la Mujer Dinámica, la Mujer Expresiva y la Mujer Creativa*.

Por medio de observar cíclicamente mi estado físico, emocional y mental, los nombres para los arquetipos fueron tomando otra dimensión. Me basé en características que yo misma utilizo para describirme en estas fases o lo que la fase me transmite que debe ser el ideal de cada arquetipo. Por tanto, los nombres con los cuales yo resueno para identificarme con las distintas mujeres que coexisten en mí son *la Mujer Instintiva, la Mujer Lúdica, la Mujer Brillante y la Mujer Inquisitiva-Visionaria*.

Recuerda, eres libre de llamar/nombrar a tus cuatro arquetipos como más fácil te sea a ti relacionarte con ellos. En las páginas que encontrarás a continuación, tendrás una guía que relaciona a estos cuatro arquetipos con las fases del ciclo menstrual, la luna y las estaciones. Si a ti te basta con ubicarte con los nombres de tus cuatros fases, genial, o cómo Miranda Gray define a las cuatro fases o incluso los nombres que yo utilizo hoy por hoy para identificarme con los cuatro arquetipos. Lo importante es que seas consciente de las diferentes energías que influyen en ti a lo largo del mes y que aprendas a diferenciarlas. Lo interesante de tu trabajo con este cuaderno de trabajo será ir conociendo cada vez más partes de ti que antes desconocías o incluso reconciliarte con algunas de ellas.

Tú, tus fases del ciclo, las fases de la luna y las estaciones:

Como he mencionado anteriormente, un aspecto básico es que seas consciente de que al ser una mujer menstruante, tus cambios de ánimo, de pensamiento y estado físico, no cambian a lo loco a largo del mes, sino que tienen una razón de ser. Esa razón de ser es que tu ciclo menstrual transita por cuatro fases, es decir, tú transitas por cuatro fases y es por ello que no eres exactamente la misma persona todos los días, de todas las semanas, entre ciclo y ciclo.

Esos cambios que experimentas durante tu ciclo menstrual están acompañados por la influencia de la luna. En el siguiente apartado, verás la relación directa que tiene tu ciclo con las fases de la luna cuando está en sincronía. Es decir, su correspondencia directa tal como se ve reflejada en el cuadro comparativo al principio de esta sección. Más adelante, encontrarás un contenido en donde te hablaré de la relación de tus ciclos menstruales cuando no se sincronizan con las fases de la luna señaladas en el cuadro comparativo, sino que hacen un recorrido por las distintas fases de ésta.

Con respecto a tu ciclo menstrual y las estaciones, encontrarás la guía básica de su correspondencia directa con la fase de tu ciclo, pero de ti dependerá determinar las variantes que en ti acontecen cuando te encuentras físicamente en una estación del año que no corresponde directamente con la fase del ciclo que estás experimentando. He incluido información adicional sobre cada una de las estaciones en los últimos cuatro ciclos de la agenda. Toma de estos contenidos adicionales la información que te sea de valor y resuene con tu experiencia y lo que vas observando de ti misma.

Cada interconexión cuenta. Descubre la mujer que eres en cada una de esas variantes.

En la sangre de tu vientre,
la Madre Tierra te hace un llamado.
Y tú emulas al invierno,
para obligarte a sentir lo que tu corazón nunca ha olvidado.

Y es que en la oscuridad de la luna nueva,
pones la semilla de un anhelo que busca volar alto.
Porque en tu reflexión crece la espiga
que nutrirá al mundo de los humanos.

Menstruación, Luna Nueva, Invierno y Mujer Instintiva

Menstruación - Fase Folicular - (Días 1 al 7 aproximadamente). La fase en la que sangras. Es un período de limpieza en la que tu cuerpo de forma natural desecha lo que no se ha fecundado. La superficie del endometrio (capa interna que reviste el útero) se rompe y se convierte en un fluido de sangre. Fluye desde el interior del útero a través del cuello cervical y sale del cuerpo a través de la vagina. Dependiendo de cada mujer, una regla normal dura de 3 a 7 días. La menstruación es un período de luto y renacimiento. Descansamos y nos recogemos por la vida biológica y los proyectos o anhelos a los cuales no pudimos darles vida, para así reflexionar acerca de aquellas cosas que queremos gestar en este nuevo ciclo.

Luna Nueva. La fase oscura de la luna. Hace referencia a nuestro mundo interior, ése que sólo nosotras conocemos. Es nuestro lado femenino más profundo. La luna nueva nos hace un llamado para apagar la luz del exterior y centrarnos en lo que hay dentro de la cueva, nuestras necesidades más básicas y materiales. La luna nueva nos conecta con nuestro instinto básico de supervivencia y protección. Nos hace un llamado para cuidar de nosotras, de nuestro cuerpo y de nuestra alma. Simboliza el período de siembra de nuevos proyectos, de nuevos sueños o metas que deseamos materializar. La luna nueva es la semilla, así como la planificación y reflexión de lo que hay que hacer para hacerla crecer.

Invierno. El frío nos hace recogernos. La naturaleza descansa y se resguarda de las bajas temperaturas. Es la estación con menos horas de luz solar, lo cual invita a la desaceleración, a la quietud, a quedarnos dentro. El invierno es una estación con energía femenina absoluta (el gran Yin). Esta energía femenina tiene que ver con la materia, con lo terrenal, con lo que nos arraiga. Es la tierra profunda que nutre al alma para que luego pueda elevarse y mantenerse apoyada, sustentada, y así brillar muy fuerte cuando sea su momento. Es la energía del hogar, de poner orden, de estar acompañada y en familia. La energía femenina es la que organiza, reúne y cuida.

Mujer Instintiva. Como su palabra lo indica, esta mujer se guía por sus instintos, sobretodo por sus instintos básicos de supervivencia. En esta fase de nuestro ciclo, es decir, nuestra menstruación, nuestro cuerpo nos está enviando un mensaje claro para desacelerar nuestro ritmo frenético, estresante o simplemente lleno de muchas actividades. Nos hace un llamado a nuestro instinto primordial, el cual nos indica que necesitamos descanso, desconexión y recuperar energía.

El cuerpo nos hace un llamado inminente para bajar las revoluciones. Todo lo que requiera un esfuerzo físico más allá de lo básico, no le va a esta parte de ti. Todo lo que requiera de un análisis lógico y metódico con largos períodos de concentración, tampoco funcionará mucho, a no ser que se trate de algo que realmente quieras hacer, te guste, te apasione o tenga que ver con satisfacer tus necesidades del momento (incluidos proyectos personales o hobbies que te mantienen motivada y en movimiento).

Esos instintos de supervivencia que nos piden que desaceleremos el ritmo están ahí para que se pongan en funcionamiento tu instrospección y reflexión acerca de lo que deseas hacer en tu vida, tanto a corto como a largo plazo, partiendo de tus emociones y sentir esencial. Esta mujer en ti es la que te permite vislumbrar los caminos posibles, las soluciones alcanzables y el mejor plan de acción para conseguir aquello que tu yo interior realmente desea. Aprovecha la fuerza interior que te brinda este arquetipo y no lo machaques con tareas físicas y mentales que no puede realmente ejecutar. Ella está ahí para que te conectes con tus emociones y sentir más profundo.

No nos damos cuenta, pero en la fase menstrual atravesamos un mini período de luto, en el cual una parte de nosotras muere para luego renacer con cada ciclo. Nuestra sangre es evidencia de que el óvulo no fue fecundado y por ende no se está gestando una nueva vida biológica en nuestro útero. Este hecho fisiológico es igual de paralelo para todo aquello que no hayamos podido gestar durante el ciclo (proyectos, hobbies, relaciones, aspectos de salud, situación laboral, etc.) y que necesita renovarse para ver si puede ser gestado en el ciclo siguiente.

Esta mujer instintiva, más allá de una reflexión "profunda" sobre nuestra existencia, te pide encarecidamente que te mantengas conectada contigo, con tus necesidades y con tus deseos más íntimos. Sólo así podrás sembrar nuevas semillas y trabajar por alcanzar aquellas cosas que tu yo interior más anhela.

La energía de tu vientre pide acción,
quiere poner en práctica lo gestado en tu más íntima reflexión.
Y cual primavera que enseña al mundo de nuevo su pasión,
emerges creciente de la mano de la luna,
lista para hacer brillar tu más preciado don.

Pre-Ovulación, Luna Creciente, Primavera y Mujer Lúdica

Pre-Ovulación - Fase Folicular - (Días 6 al 12 -o más- aproximadamente). La fase que viene justo después de tu sangrado, incluso puede que empieces a experimentarla en los días en que todavía tengas apenas unas gotas de sangre. Esta fase también es conocida como *etapa estrogénica* o *no fértil*. El sistema comienza a segregar mucho estrógeno debido a la maduración del folículo dentro del ovario, que se prepara para salir. La pre-ovulación es un período de energía renovada. Después de haber descansado, cuidado de nuestras necesidades y reflexionado sobre las cosas que queremos gestar en este nuevo ciclo, es hora de ponernos en acción y empezar a darle forma concreta a esos anhelos-sueños-proyectos internos.

Luna Creciente. La fase en la que la luna nos enseña su primera mitad luminosa. Hace referencia a nuestra necesidad de salir de nuestro mundo interior y poner en práctica nuestro deseo de independencia y de crecer. Con esta luna sentimos los deseos e impulsos de nuestra niña interior, salvaje, a veces caprichosa (por tanto, no muy empática), y llena de energía y entusiasmo. La luna creciente nos hace un llamado para darle vida y forma a nuestra esencia de mujer desde esa niña que experimenta, juega, se la pasa bien y aprende de una forma voraz. Esta luna simboliza el período de cuidar de la siembra, emplear y ejecutar acciones que nos ayuden a hacer crecer esos nuevos proyectos que plantamos. La luna creciente es el abono, lo que hace crecer a nuestra semilla.

Primavera. Hay menos frío y apetece salir un poco más al exterior. La naturaleza se despierta y nos anuncia la llegada de un nuevo ciclo que se va cubriendo poco a poco de color y vida. Es la estación en donde se empieza a notar que las horas de luz solar van aumentando paulatinamente, lo cual invita a salir y a experimentar ese nuevo mundo que se está despertando. La primavera es una estación de doble energía, tanto femenina como masculina. Esta doble energía estará siempre en la búsqueda del equilibrio. De estar resguardada y hacia adentro, se va moviendo para ir cogiendo el ritmo de ponerse en acción y salir hacia afuera. Aquello que ha descansado en invierno, florece en primavera para recordarnos la esencia de su belleza, ésa que se evidencia con el acto de mostrar lo que había por dentro.

Mujer Lúdica. Lo lúdico implica juego. Esta mujer en ti se conecta de forma inconsciente con las necesidades de tu niña interior. Tienes una energía renovada (física, mental y emocional) que va creciendo poco a poco como el de una niña pequeña. Es decir, tenemos ganas de jugar, somos más caprichosas, tenemos mayor capacidad de concentración y mayor energía. Pero estas características tienen más potencial cuando las empleamos en aquellas cosas que nos apasionan en ese momento. Y si además, esta energía la enfocamos a modo de juego, es decir, que lo que hagamos sea divertido y nos genere placer, mejor pasamos el tiempo y disfrutamos más de las actividades (cotidianas o de otra índole) durante los días que esta mujer-niña está con nosotras. Con esta mujer-niña es necesario llegar a acuerdos internos entre el deber y el placer para que haya equilibrio y no se generen frustraciones. De lo contrario, se podrían experimentar pequeños o grandes altibajos de ánimo o sensaciones de irritabilidad, dependiendo de cuanta atención le estemos prestando a nuestros "caprichos o necesidades de diversión" y que lo que hagamos **no sea aburrido**.

Lo lúdico puede ser convertir una actividad mental de análisis en un juego. Es la parte de ti que necesita activarse. Tu cuerpo físico, así como tu energía mental y emocional, te hacen un llamado para que emplees las energías renovadas en actividades que durante la fase anterior no te eran posibles. Tu cerebro está preparado para afrontar aquellas tareas que requieran de un análisis lógico y metódico con largos períodos de concentración. No pierdas de vista que aunque esto sea así, si le agregas el elemento lúdico, será más satisfactorio.

Obviamente, dependiendo de nuestras obligaciones laborales o familiares, esto de convertir nuestras rutinas en algo lúdico, puede parecer una idea con un reto muy alto (y quizás algunas penséis que imposible). La niña-mujer que esta dentro de ti te pide que aquello en lo que enfoques tu energía te de placer, así sea pequeño (ej. cantar mientras trabajas en el ordenador o escuchar tu música favorita mientras estás con una tarea "aburrida"). Integra elementos o actividades que te generen alegría, risa, juego. Recuerda mantener un equilibrio entre la proporción del deber y el placer estableciendo acuerdos internos contigo misma.

Esta mujer en ti te pide acción y crecimiento. Es la que te permite ejecutar los planes, empezar a darles forma. Es el momento perfecto para experimentar cosas nuevas. Aprovecha la vitalidad que te brinda este arquetipo. Ella está ahí para que te conectes con tu deseo de mostrarte a ti y al mundo tal y como eres, descubriendo nuevos dones o pasiones, desarrollándolos, nutriéndolos y encontrando tu voz en el proceso (si no lo habías hecho ya).

Brillando inmensa, brillando alto,
empatizas con el mundo, esparciendo ternura y encanto.
Porque tu fuego interno descubre los frutos de tu ser labrado,
ése que como la luna llena,
fecunda todo lo que se ilumina con su manto.

Ovulación - *(Días 13 al 15-16 -o antes- aproximadamente).* La fase que viene justo después de experimentar varios días de renovada energía. Esta fase también es conocida como *etapa fértil*. La ovulación propiamente dicha, dura entre 24 y 48 horas como tal, pero el período fértil y las energías de ésta, se extiende a unos días previos y luego a unos días posteriores. El sistema ha llegado a su punto máximo de nivel de estrógenos y activa entonces a la hormona luteinizante (LH), lo cual hace que estalle el ovocito maduro hacia afuera del ovario para abrirse camino a través de la trompa de falopio. En esta fase secretamos más moco cervical para ayudar y proteger a los espermatozoides a sobrevivir y dirigirse hacia la trompa. La ovulación es un período de energía armónica. Luego de varios días de energía renovada utilizada para darle forma concreta a nuestros anhelos-sueños-proyectos internos, es momento de vislumbrar los frutos de nuestro trabajo e incluso cosecharlos, si consideramos que éstos ya están maduros (fecundación, gestación y parto).

Luna Llena. La fase en la que la luna está completamente iluminada. Hace referencia a nuestra capacidad de brillar al máximo, engendrar y parir. Cuando nuestra luz interior brilla hacia afuera como la luna llena, nos hacemos parte del mundo, sabemos cuál es nuestro centro y actuamos desde la necesidad de ayudar y nutrir a otros desde nuestra abundancia. Porque nosotras ya estamos completas y admiramos la belleza y potencialidad de todo aquello que nos rodea, queriendo nutrirlo también. Con esta luna, sentimos los deseos e impulsos de nuestra mujer adulta, maternal y deseosa de ayudar. La luna llena nos hace un llamado para seguir nutriendo a nuestra esencia de mujer desde esa mujer adulta que escucha, empatiza y reconoce la belleza de las cosas más simples. Esta luna simboliza el período de cosechar la siembra, la evaluación de si los frutos están maduros o requieren de más nutrición y cuidados para llegar a buen término. La luna llena es nuestro fruto ya maduro.

Verano. Hace calor y hay más horas de luz solar que de oscuridad. La naturaleza está sumamente activa y llena de vida. Es la estación en donde la predominancia de las horas de luz hace que nuestros deseos de estar más tiempo en el exterior se intensifiquen, e incluso, no echemos en falta menos horas de descanso. El verano es una estación de energía masculina. Esta energía nos impulsará siempre a estar en acción. Ya hemos cogido ritmo, es hora de salir y estar hacia afuera. Aquello que ha florecido en primavera, nos muestra su intensidad y potencial. Nos recuerda la esencia de su fuerza, ésa que se evidencia con la acción constante, sin llegar a los extremos, en templanza.

Mujer Brillante. Cuando algo brilla, no sólo se puede ver la luz sino también las sombras que genera. Esta mujer en ti puede sacar toda tu luz y toda tu sombra. La mujer brillante es aquella que se permite expresar todo lo que es sin reprimir aquello "oscuro" o "negativo" de su ser. Incluso es aquella que descubre más luz donde antes veía sólo sombra u oscuridad.

Esta mujer en ti te pide que te conectes con tu capacidad de mostrarte al mundo tal cual eres, aprovechando al máximo todos tus dones, incluso los que crees que no tienes. Tu empatía, tu sensibilidad, tu sensualidad, tu necesidad de expresarte, tu necesidad de estar con otros y ayudar a otros, tu necesidad de tocar y ser tocada, entre muchas otras que se te ocurran, salen a la luz cuando convives con la energía de la mujer brillante.

La mujer brillante no es perfecta. Brillar es sinónimo de simplemente dejarte ser. Cuando brillas, no estás en conflicto contigo misma, no te reprimes por tus miedos (sobretodo al "qué dirán"). Cuando brillas no hay culpas, no hay obstáculos. Todo son posibilidades. Evalúas tu entorno y fluyes con él. Brillar es estar abierta a que tú sí puedes, si realmente es lo que quieres, porque tienes el potencial de la fertilidad de tu lado.

La mujer brillante ama, hace y se apasiona por el mundo y por sí misma con una energía especial. Porque conecta con el equilibrio de la acción y la inacción. Da y recibe en un en un balance justo que le permite compartir quién es y estar para los demás sin agotar innecesariamente su energía.

La mujer brillante implica acción en templanza para que su luz no se apague y pueda ser disfrutada por el mayor número de personas, así como por ella misma. Es la que te permite observar qué tan bien se están ejecutando tus planes y si están llegando a buen término. Es el momento perfecto para entablar y nutrir relaciones. Aprovecha la empatía y ganas de socializar que te brinda este arquetipo, ya que puedes encontrar buenos puntos de apoyo en la energía conjunta de otros para tus proyectos. Ella está ahí para que te conectes con tu necesidad de sentirte parte de un todo, que te conectes con la capacidad fértil de tu ser físico, emocional y mental, y así seas consciente del cómo tus contribuciones van más allá de ti.

Cerrando los ojos, abriendo tus manos.
Recibes con la luna menguante el don de la magia,
que en tu interior se hallaba siempre guardado.

Y cual hechicera, que intuye los tiempos de cambio,
preparas el conjuro que tu vientre te dicta,
generando primero el vacío,
que sembrará las tierras de tu potencial creativo heredado.

Pre-Menstruación, Luna Menguante, Otoño y Mujer Inquisitiva-Visionaria

Pre-Menstruación - Fase Lútea - (Días 16-17 al 23-28). La fase que viene justo después de experimentar varios días de energía estable. En la pre-menstruación, si el óvulo no ha sido fecundado por un espermatozoide o no se ha implantado, la superficie del endometrio ya no se necesita y se prepara para ser eliminada. El ciclo se completará y la menstruación comenzará nuevamente. La pre-menstruación es un período de energía decreciente. Tu cuerpo físico te hace un llamado para que vayas disminuyendo el ritmo en tus actividades, aunque puedes tener momentos puntuales de mucha energía física que necesites sacar. Luego de la estabilidad para vislumbrar los frutos de nuestro trabajo, toca empezar a conectar nuevamente con nuestro yo más profundo y desechar aquellas cosas que no nos han sido de utilidad para llevar a cabo nuestros anhelos-sueños-proyectos internos. Es momento de decidir lo que hay que soltar y dejar ir, vislumbrar las alternativas de cómo hacerlo y crear nuevas realidades en el proceso.

Luna Menguante. La fase en la que la luna, ahora en su segunda mitad luminosa luego de estar llena, se retrae de nuevo a su lado más oscuro. Hace referencia a nuestra necesidad de ir volviendo a nuestro interior, aprovechando nuestra capacidad intuitiva para crear/destruir aquello que nos ha faltado durante el ciclo. La luna menguante es nuestra capacidad alquímica de transformar nuestra realidad, de transformar, a través de un poco de oscuridad, lo que no ha podido brillar. Con esta luna, sentimos los deseos e impulsos de nuestra mujer más crítica, aquella que sólo nos da tregua cuando hemos acatado las necesidades de nuestra esencia durante todo el ciclo. La luna menguante nos hace un llamado para crear aquellas cosas que nos han faltando en las fases anteriores o dejar ir, soltar y destruir, aquellas que no deberían seguirnos en nuestro viaje de retorno hacia nuestro ser más esencial y vulnerable. Esta luna simboliza el período de preparar nuevamente la tierra para la siembra, el cuidar de que sea el mejor terreno para las nuevas semillas, sin malas hierbas y sin elementos tóxicos. La luna menguante es nuestra oportunidad de regenerar el terreno.

Otoño. El calor va menguando poco a poco y con él, la luz solar dura cada día un poco menos. La naturaleza siente el cambio y se prepara para bajar el ritmo. Es la estación en donde las horas de luz vuelven a decaer paulatinamente y una sensación de nostalgia se apodera del ambiente. El otoño, como la primavera, es una estación de energía doble, tanto femenina como masculina. En este caso el otoño hace la transición de la energía masculina hacia la femenina, de la acción a la introspección. Esta energía nos impulsará a la contemplación. Otoño es el principio del viaje de descenso hacia nuestro interior. La fuerza del verano nos mostró su intensidad y potencial para brillar al máximo, mientras que el otoño nos pide descansar de tanta acción para hacer un recuento de todo lo vivido y experimentado. El otoño nos pide poner atención en el camino recorrido a lo largo de las estaciones anteriores.

Mujer Inquisitiva-Visionaria. Ser inquisitiva implica el hacernos preguntas e investigar detalladamente para llegar a una respuesta. La mujer inquisitiva en ti es aquella que está constantemente preguntándote cómo estás, qué quieres, qué sientes, porqué sientes lo que sientes, así como también es la mujer que busca los medios y rescursos para dar respuesta, atención y gestión de tus inquietudes. Es tu parte intuitiva, creativa y sensible que te permite generar una visión de todos los aspectos que conforman tu vida, así como los aspectos que forman parten de tu esencia como individuo y como mujer. Es la mujer que nos invita contínuamente a explorar nuevos caminos para expresar nuestro **potencial creativo innato**, en esa búsqueda de respuesta a tantos cuestionamientos internos.

Nuestra mujer inquisitiva necesita de forma inherente a nuestra creatividad para generar esas respuestas que tanto nos inquietan y que tanto buscamos. Nuestro potencial creativo innato no es más que nuestra capacidad de crear. Crear realidades, materializar en el mundo de lo físico un deseo, un pensamiento o una emoción. Llámense inquietudes, preguntas, ansiedades, conflictos emocionales, no entender qué nos pasa, etc.; nuestro potencial creativo innato está exquisitamente diseñado para ayudarnos a entender y gestionar nuestro proceso inquisitivo de forma **visionaria**. Es decir, nuestro potencial creativo innato nos ayuda a visionar alternativas que nos ayuden a dar respuesta a una determinada situación (física, mental o emocional). Por tanto, dentro de la mujer inquisitiva, también está está la **Mujer Visionaria**, aquella que intuye, crea y es sensible ante todos tus cambios para poder visionar las alternativas posibles que den respuesta a tus inquietudes. De esta manera, tu capacidad mental será muy selectiva y sólo se ocupará realmente, y de buena gana, de aquellas cosas que más te gusten o conecten contigo. Es por ello que ante cualquier tarea de lógica y concentración que no sea de tu agrado, percibirás que a tu mente le cuesta centrarse y te cansarás-aburrirás-frustrarás con mayor facilidad y en menos tiempo. También es la que te permite experimentar, casi de manera obligatoria, momentos de irritabilidad y sensibilidad extrema cuando te enfrentas a situaciones, pensamientos o emociones que no están alineados con tu sentir más profundo, te generan conflicto o incomodidad "porque hay algo que no encaja".

Dentro de todas las mujeres que conviven en nosotras durante el ciclo menstrual, para mí la **Mujer Inquisitiva-Visionaria** es una de las más sensibles y con una propensión de irse hacia los extremos. Es decir, **cuando NO escuchamos su voz amorosa** que nos pide conectar con nuestra creatividad (creación de realidades) para cuestionar y gestionar aquello que nos ocurre, puede transformar su energía inquisitiva a una **energía inquisidora**. Para entender esto último, sólo tienes que ubicarte y recordar la época de la Inquisición. Cuando esto ocurre, nuestras inquietudes o preguntas se convierten en juicios, reproches y autoexigencias que no conectan con nuestro potencial creativo innato, ni nada de lo que éste tenga que decirnos o enseñarnos a través de la exploración de nuestro mundo interior.

Deberás de estar atenta, porque esta mujer en ti contiene a tu lado más crítico. Es la mujer que evalúa todo lo vivido y realizado por los arquetipos de las fases anteriores. Con lo cual, si no has sido fiel a ti misma y no has atendido a los diferentes llamados de tus otras mujeres, la *Mujer Inquisitiva-Visionaria* se tornará en una jueza implacable y te llenará la cabeza con críticas muy duras hacia ti misma (incluso exageradas y casi sin fundamento), así como te hará sentir emocionalmente mucho más susceptible a las críticas y comentarios de aquellos que te rodean. En cambio, si te has escuchado y has sabido fluir con las energías de tus otros arquetipos, la *Mujer Inquisitiva-Visionaria* se convertirá en tu mayor aliada. Te permitirá descansar tanto física, mental y emocionalmente durante la fase de la premenstruación y te ayudará a destruir y crear un montón de cosas durante los días que te acompañe, antes de que vuelvas a sangrar. *Su parte intuitiva, creativa y sensible será la que te ayude a poner equilibrio en la balanza y podrás observar y evaluar todos los cambios que has tenido durante tu ciclo con actitud de cambio, renovación e incluso desconexión de lo que suelen ser tus rutinas.*

La *Mujer Inquisitiva-Visionaria* en ti posee la información necesaria para señalarte y hacerte ver qué está ocurriendo. Recuerda que ella ha venido observando cómo se han ido comportando las demás mujeres en ti durante las fases anteriores. Es como una consultora a la cual contratamos durante todos nuestros ciclos para que nos haga un informe-reporte de cómo se está desempeñando nuestra empresa (cuerpo, mente y emociones) y nos indique cuáles son las medidas que podemos tomar para mejorar nuestro desempeño (hacer, pensar, sentir).

Esta mujer en ti te pide ser fiel a ti misma y, cuando no lo eres, te hace un llamado de atención. Es la que te permite intuir qué aspectos de ti necesitas cambiar para estar más en armonía y sacar a la luz aquellas cosas que te faltaron por hacer y que realmente querías hacer durante este ciclo. Es el momento perfecto para escuchar tus deseos reales. Aprovecha la alquimia que te ofrecen la intuición y la sensibilidad de esta mujer en ti para crear la realidad que deseas, vislumbrar las cosas y aspectos que debes cambiar o desechar para conseguirlo. Ella está ahí para recordarte quién eres y el potencial tan maravilloso que tienes dentro de ti para convertirte en lo que tú quieras.

Anécdota sobre la transformación de los cuatro Arquetipos Femeninos al usar esta agenda:

Uno de los avances que yo hice conmigo misma a lo largo del desarrollo, diseño y puesta en práctica de esta agenda, fue reconciliarme con mi fase pre-menstrual. Llegué incluso a bautizar a esta fase con el nombre de "Priscilla" por la película **Priscilla la Reina del Desierto**. Para mí, era mi fase tipo *drag queen*, sumamente escandalosa, melodramática, paranoica, fuera de quicio en cuanto a sensibilidad, altamente autoexigente y muchos etcéteras. A lo largo del trabajo con este cuaderno de autoexploración, he llegado no sólo a reconciliarme con Priscilla, sino a amarla casi con locura. Priscilla es mi *Mujer Inquisitiva-Visionaria*, mi piedra angular que me ayuda a saber cuándo he cuidado de mí y todas mis yoes (mis otras fases) a lo largo del mes.

He descubierto que mi fase premenstrual, mi Priscilla, sólo actúa con ese estereotipo neurótico de altos y bajos emocionales intensos, cuando no trabajo y hago las cosas que me gustan en cada una de mis fases. Se vuelve una pesada culpabilizadora, llena de reproches, cuando no le doy importancia al hecho de que todas las fases tienen que trabajar en equipo para un propósito en común. Priscilla es mi brújula de las cosas que he hecho bien por mí, y las que necesitan una revisión, más trabajo para el próximo mes, o simplemente desecharlas de mis rutinas.

Mientras más atienda a las necesidades de cada fase, más relajada llego a la fase premenstrual, y Priscilla se llena de tranquilidad y alegría para crear cosas nuevas que nada tengan que ver con lo que haya estado haciendo en las fases anteriores. Mi Priscilla necesita este espacio para vaciar los excesos y las cosas que tiene por dentro que aún no han salido en el mes, y así poder llenarse de nuevas ideas y vislumbrar sin agobio el camino que aún queda por recorrer. Si no me escucho y voy atendiendo a mis necesidades creativas en cada fase, ya me puedo esperar a Priscilla con todo su melodramatismo y látigo autocastigador y desvalorizante en la fase premenstrual. Pero, debajo de la drag queen estereotipada que chilla, llama la atención y puede resultar todo un espectáculo, se esconde la mujer sensible, que escucha y posee la magia para sacar al mundo exterior la verdadera mujer que es, con todos sus dones. Por eso en otros tiempos le llamaban la **Hechicera**. Pero claro, esto es apenas un esbozo de lo que yo he descubierto sobre mí y mis fases con este trabajo. **A ti te tocará descubrir cómo son tus mujeres internas y cómo te relacionas con ellas.**

Tu Ciclo Menstrual y sus Transiciones con las Fases de la Luna

La luna es una guía constante de nuestro cambio interior. Al igual que el universo y la naturaleza, tu ciclo menstrual no se mantiene estático, ni exactamente igual de ciclo a ciclo. A pesar de que sigue un patrón de cuatro fases, cada fase puede variar en su duración de días, así como también puede variar la duración total de tu ciclo. Puede ser de los cortos (21 a 24 días), de los que yo llamo de promedio estándar (25 a 28 días), o de los largos (29 a 32 días). Tu ciclo es único e intransferible. Tus experiencias de vida lo afectan tanto directa como indirectamente. Tu alimentación, tus horas de descanso, el ejercicio físico que hagas o que no hagas, el tipo de medicamentos o pastillas que ingieras con regularidad, el tipo de trabajo laboral que tengas y la postura corporal que mantienes durante tus horas de trabajo, generan un efecto. Es decir, todo lo que compone tu rutina y tus hábitos de vida, influyen en el comportamiento de tu útero y de tu ciclo menstrual. Demás está decir que esto también incluye a todas tus emociones, pensamientos y acciones.

Tu energía mental, física y emocional se ve a su vez infuenciada por los tránsitos de la luna y sus fases, y el cómo coincidan éstas con tus propias fases del ciclo menstrual. Esto, sin mencionar el efecto que también ejercen las distintas estaciones sobre nuestro ciclo. Es una intrincada red de interconexiones que juegan un papel de vital importancia para que tú seas tú, para que te conozcas en cada momento, para que experimentes las mismas emociones, pensamientos y sensaciones físicas, pero con matices distintos en cada vuelta de la rueda de cada ciclo (ya sea el tuyo, el de las estaciones o el de la luna).

Nada es caos, todo está diseñado para que encuentres el equilibrio. Tu trabajo, por tanto, es mantener una búsqueda constante de ese equilibrio. Lo que percibimos como caos, desorden, aquello que no entendemos de forma racional, nos empuja constantemente a encontrar un nuevo orden para continuar con nuestra búsqueda. Muchas veces, esa búsqueda consistirá en fluir con lo que es, con lo que hay, y no ir en contra. Otras, consistirá en salir del estancamiento para que regreses a tu centro, para que regreses a ti y puedas continuar experimentando la mejor manera de fluir y ser tú. Y otras, consistirá en que vayas precisamente en contra de la corriente y de lo establecido, porque tu impulso interno es tan fuerte que estará generando un nuevo río, con una nueva corriente, que debe abrirse paso.

En mi caso, en el registro y análisis que he hecho a lo largo de muchos meses para observar cómo se comportaban mis ciclos y tratar de identificar las diferentes energías en mí, lo que siempre se ha mantenido constante son las transiciones de mi ciclo con las fases de la luna. Al principio, esto no fue tan evidente. Una vez que diseñé la *Tabla de registro general de 13 ciclos* para esta agenda y me puse a apuntar los datos de todos mis ciclos anteriores, fue que descubrí que las transiciones con la luna eran el único dato que mantenía una ciclicidad incuestionable. A ti te tocará descubrir si esto también sucede en tu caso, con tu ciclo.

Estas transiciones de la luna las descubrí gracias a la app para dispositivos Apple *Goddess Moon Dial* creada por *Marie Barbilla y Rebeca Podio.* A pesar de que su app no contemplaba las irregularidades que manifestaban mis ciclos debido a los miomas, y no calculaba bien la duración de todas mis fases (la fase menstrual y la fase ovulatoria se mostraban con aproximadamente el mismo número de días - 10 a 16 días, y la pre-ovulatoria y premenstrual sólo un día cada una en el diagrama lunar de la app), aprendí a introducir mis ciclos de forma tal que la aplicación me pudiera dar una predicción más acorde de las transiciones de la luna con respecto a mis ciclos.

El tema de relacionar mis ciclos con las fases de la luna era una de las cosas que más me gustaba de la app. Obviamente también me gustaba la característica de que te pudiera decir en qué fase de tu ciclo estabas, a través de los arquetipos. Pero como mis ciclos no eran ni cerca de algo normal, eso me ayudó a seguir profundizando y a seguir observándome física, mental y emocionalmente.

Cada transición de tu ciclo con el de las fases de la luna tiene sus particularidades y ninguno es igual al anterior, ya que también se ven influenciados por los cambios de estaciones. Como ocurre con el caso de describir las energías generales inherentes de cada fase, la descripción de las transiciones es una guía de lo que puedes esperar cuando tu ciclo está alineado con una transición u otra. *Pero serás tú la que deberá determinar si efectivamente esas características las experimentas o no, cuando pases por cada una de ellas. Recuerda que la base de la ciclicidad es que está interconectada y que cada variante y elemento juega un papel.*

Otro aspecto que deberás tener en cuenta es la duración de tus ciclos. Dependiendo de la duración de tus ciclos, experimentarás cada una de las transiciones con relativa frecuencia o sólo una de ellas durante varios ciclos antes de pasar a la siguiente. Esto quiere decir que si eres de las que tiene un ciclo absolutamente regular de 28 días, y sólo muy esporádicamente se te adelanta o retrasa el ciclo por un par de días, entonces tus transiciones por las fases de la luna serán más lentas. Casi siempre permanecerás alineada con las mismas fases (y la misma transición) ciclo tras ciclo hasta que la duración cambie de 28 a menos o más días. Si sueles experimentar ciclos cortos de 25 o menos días y te adelantas o retrasas en un par de días, experimentarás las diferentes transiciones con más frecuencia y siempre en orden. Y si eres de las que su ciclo menstrual dura un aproximado de 32 días, en dónde se te adelanta o retrasa el ciclo en un par de días, también experimentarás las transiciones con mayor regularidad que aquellas que su ciclo dura regularmente 28 días.

Las cuatro transiciones por la que atravesará tu ciclo son: *Afinidad con la luna, Transición hacia la Oposición con la Luna, Oposición con la luna y Transición hacia la Afinidad con la luna.* He utilizado los nombres de las transiciones aportados por la app de *Marie Barbilla y Rebeca Podio,* pero el contenido de lo que significa cada una, lo he ampliado y modificado basándome en mi propia experiencia y la influencia que han tenido en mí los textos de *Miranda Gray en **Luna Roja** y **Las 4 Fases de la Luna Roja,*** los textos de *Pabla Pérez San Martín en su **Manual Introductorio a la Ginecología Natural,*** así como la influencia de *Erika Irustra* en ***Diario de un Cuerpo*** y sus boletines electrónicos de ***ElCaminoRubí.com.***

Sólo la observación y registro consciente y constante de tus ciclos te ayudará a conocerte o re-conocerte. Factores externos siempre podrán influir en los cambios que experimentes durante un ciclo, pero una vez que vayas conociendo las características de cada una de tus fases y cómo se comportan en cada una de las transiciones, podrás hacer una mejor evaluación de cómo influyen esos nuevos factores externos en tu ser **uterino**. Un ejemplo de ello, es el uso de medicamentos o tratamientos médicos hormonales para regular alguna anomalía de nuestro aparato reproductor. Obviamente, el medicamento o tratamiento de varios meses puntuales puede afectarte tanto anímica, física y mentalmente. Pero si llevas un tiempo conociendo tus propios patrones de experiencia, podrás "echarle la culpa" o no a dicho medicamento, o darte cuenta que forma parte de tus patrones según la transición por la fases de la luna que estés experimentando y la estación.

En el caso específico de que te encuentres tomando la píldora anticonceptiva, deberás tener en cuenta que el ciclo menstrual que experimentas, realmente es un ciclo menstrual "artificial", ya que la píldora anticonceptiva inhibe el ciclo menstrual y su producción natural de hormonas, sustituyendo la química de tu cuerpo por hormonas sintéticas que actúan como si fueran estrógenos y prostágenos para que no ovules. Como resultado, lo que experimentas se suele llamar una "falsa menstruación"[3]. En este caso particular, siento y pienso que el trabajo con esta ageda y cuaderno de trabajo es igual de valioso. Para mí lo importante es que aprendas a conectar o re-conectar contigo, no importa si hay una química de por medio que esté "adulterando" el proceso. Eres tú, es tu cuerpo y también sientes, piensas y experimentas el mundo de tu propia manera. *Si hay algo que quiero que te lleves de tu auto-exploración, es que eres un ser creativo por excelencia y que tú sí posees un potencial creativo innato deseoso que lo re-descubras, lo utilces y lo pongas en práctica.*

Necesitarás de al menos trece ciclos para establecer patrones y características puntuales de cada una de tus fases, su conexión con las transiciones de la luna, los arquetipos y las estaciones. Aunque en el aspecto de las estaciones, será necesaria una vuelta más por los trece ciclos para que puedas empezar a ver los patrones comunes por estación.

---

3   *Manual introductorio a la ginecología natural* de Pabla Pérez San Martín (Ginecodofía Ediciones, 2009. Tercera edición, solsticio de invierno 2015). p.198-200

Palabra clave: Fluir y Mantener el cambio.

En tu oscuridad está tu equilibrio.
Ése que con la luna nueva descansa,
sembrando una fertilidad sin trampas.
Porque cuando la luna llena llegue a su clímax,
todos tus dones se mostrarán al mundo
con tu esencia de mujer brillando en cada esquina.

Luna Nueva	Luna Creciente	Luna Llena	Luna Menguante
Menstruación	Pre-Ovulatoria	Ovulatoria	Pre-Menstrual
Mujer Instintiva	Mujer Lúdica	Mujer Brillante	Mujer Inquisitiva/ Visionaria

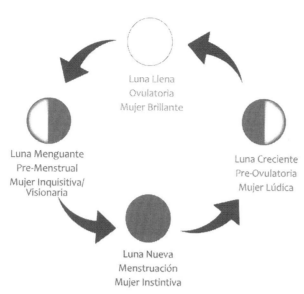

En la oscuridad de la luna nueva está tu equilibrio, es tu ciclo para fluir. En el momento de tu menstruación, acompañas en sincronicidad a la luna nueva con tu arquetipo de la **Mujer Instintiva**. Tus energías internas se alínean para que aproveches las habilidades de todos los arquetipos presentes en tus fases. A lo largo de tu ciclo, la luna se irá despertando y enseñando su cara, a la par que lo haces tú, brindándote su apoyo a lo largo de todas tus/sus fases. Esto implica que tienes la oportunidad y la energía necesarias para que sientas que *fluyes* con tu ciclo y tu día a día, e incluso la oportunidad y la energía necesarias que te ayudarán a *mantener los cambios* que hayas venido realizando en las fases de tu ciclo y transiciones con la lunas anteriores.

Transitas el llamado *Ciclo de la Luna Blanca,* ya que tu ovulación y tu **Mujer Brillante** (fase ovulatoria) coincidirán aproximadamente con la fase más luminosa de la luna, la luna llena, la **Luna Blanca**. Aprovecha esta alineación para sacar lo mejor de cada una de tus fases.

Ten en cuenta que mientras más cercano sean tus ciclos a 28 días, la alineación de tus fases con la fase de la luna correspondiente, coincidirán más que si tienes ciclos de duración menor (22 a 25 días) o ciclos de mayor duración (29 a 32 días). Sin embargo, la luna que marcará la pauta será aquella que coincida con tu primer día de menstruación y por tanto el resto de tus fases fluirán con la pauta establecida por esa primera energía lunar.

Mujer Instintiva / Menstruación / Luna Nueva:

Tu cuerpo estará cansado, pero lo más seguro es que sólo sea durante esta fase. Utiliza los mensajes que te envía tu lado instintivo para descansar, dedicarte a ti y recobrar tus energías, ya que mientras más recuperada te encuentres (física, mental y emocionalmente), mejor podrás aprovechar la siguiente fase de la *Mujer Lúdica*. Recuerda que lo ideal durante esta fase es que organices, reflexiones y sientas lo que deberá ser el plan de acción para el resto de las fases de tu ciclo. ¿Qué necesitan tus proyectos, hobbies o pasiones? ¿Cómo puedes alimentarlos en la siguiente fase que tendrás más energía? ¿Cuáles son las relaciones que necesitas nutrir y cómo? Utiliza tu instinto para conectar con tus necesidades y deseos íntimos.

Mujer Lúdica / Pre-Ovulatoria / Luna Creciente:

Tu cuerpo estará recuperado y lleno de energía renovada y podrás reanudar actividades de índole más física como deportes o jornadas laborales un poco más largas. Esto, si has descansado y no te has sobresforzado en la fase anterior. Tu mente estará más centrada y podrás acometer tareas que requieran lógica, concentración y memoria. Recuerda que un aspecto fundamental del arquetipo de la **Mujer Lúdica** es poner en acción, a través del placer y lo lúdico, las reflexiones y los planes hechos durante la fase menstrual desde ese sentir íntimo. Nutre tus proyectos, tus hobbies, tus pasiones, con aquellas cosas que los hagan crecer poco a poco y así estos puedan llegar a la siguiente fase de la **Mujer Brillante** (los frutos de tu cosecha).

Mujer Brillante / Ovulatoria / Luna Llena (Ciclo de la Luna Blanca):

Tu cuerpo estará lleno de energía, radiante como la luna llena. Será tu momento de mayor fertilidad, pero no sólo a nivel físico, también en el ámbito social y emocional. Recuerda que estarás experimentando las energías de la **Mujer Brillante**, quién tiene muy buenos dones de empatía, se comunica mejor y le nace más genuinamente ayudar a los demás desde su propia luz y mostrándose tal cual es. Por tanto, es momento de expresar y compartir la esencia de quién realmente tú eres, brillando al máximo como lo hace la luna llena en esta fase. También, es el momento para ver cómo van los frutos de tu cosecha y recoger la siembra, si ésta ya está lista.

Mujer Inquisitiva-Visionaria / Pre-Menstrual / Luna Menguante:

Tu cuerpo estará algunos días con energía o algunos días cansado, o en el mismo día podrás experimentar tanto energía como cansancio. En esta fase la luna menguante hace que tu cuerpo y tu mente vayan bajando el ritmo y hace que estés más sensible emocionalmente. Abraza a tu **Mujer Inquisitiva-Visionaria** en esta fase, ya que mientras más aprendas a escucharla, menos dolores de cabeza te dará y menos irritabilidad y ansiedad sentirás. En esta fase solemos ser muy autocríticas y maltratadoras con nosotras mismas. Mientras más te entiendas y te escuches a ti misma en cada una de las fases anteriores, más tranquila se sentirá tu *Mujer Inquisitiva-Visionaria* para hacer lo que mejor se le da: **CREAR/DESTRUIR**. Recuerda que para crear, debes dejar de reprimir todo lo que hay en tu interior. Debes soltar y dejar salir, tanto lo bueno como lo malo. Vuelca tus emociones en tareas que te permitan soltar la energía que llevas dentro. Es importante escuchar tus propias quejas durante esta fase, ya que serán una clave de aquellas cosas que debes eliminar de tus rutinas o hábitos, o cosas que debes modificar, porque te torturan cada vez que llegas a estos días de tu ciclo. Limpia, ordena, escribe, pinta, cocina, o lo que necesite tu *Mujer Inquisitiva-Visionaria* para sentirse a gusto. Esta fase en ti es tu mejor aliada para darte cuenta de las cosas que funcionan y las que no en tu vida. Aprovéchala y deja de luchar contra ella.

Consejo:

Fluye y disfruta de la estabilidad que te puede brindar este ciclo cuando estás en Afinidad con la luna y mantener cualquier cambio que hayas realizado en ciclos y transiciones anteriores. Es un ciclo idóneo para ser creativa, emprendedora, además de muy fértil física, mental y emocionalmente.

*A*nécdota sobre la Afinidad con la luna:

Cuando no era muy consciente de las distintas fases de mis ciclos, ni de sus transiciones por las fases de la luna, pensaba que tenía un serio problema emocional. El ir descubriendo poco a poco los cambios en mí en cada una de mis fases, a pesar de mi situación con los miomas, ha hecho que tenga una mayor consciencia del porqué estoy, me comporto, siento o pienso de una determinada manera. También he decubierto la potente conexión que tiene todo mi ser con la naturaleza y sus energías cambiantes. Cuando ellas cambian, yo lo noto y por ende cambio también. A veces de manera sutil, otras de manera intensa.

Cuando me descargué la app **Goddess Moon Dial** de *Marie Barbilla* y *Rebeca Podio* fue cuando empecé a prestarle más atención a las transiciones de mis ciclos con los de la luna. Llevaba ya registrados cinco ciclos antes de descargarme la app y habían energías dentro de mis ciclos que no encajaban del todo con las características inherentes a cada fase. Esta información extra que me proporcionó la aplicación, me abrió las puertas para ampliar e integrar los cambios que yo notaba entre ciclo y ciclo (transiciones).

Un cambio que se hizo muy evidente para mí, fue cuando mi ciclo se sincronizaba para estar en *Afinidad con la Luna*. Los dos ciclos previos antes de poder llegar a esta transición resultaron ser bastante potentes, movidos y muy emocionales. Al transitar por la *Afinidad con la Luna*, toda esa intensidad y aparente caos emocional de los dos ciclos previos, bajó de manera considerable y me sentía parte de un mundo fluido otra vez. Tanto mi mente y mis emociones estaban más tranquilas y podía observarme en cada fase de mi ciclo con un renovado entusiasmo.

Luego de ese primer tránsito consciente por la *Afinidad con la Luna,* han transcurrido más ciclos y dos oportunidades más para volver a esta transición y estar en sincronía con las fases de la luna en afinidad. Con mayor experiencia adquirida ciclo tras ciclo, puedo decir que la *Afinidad con la Luna* es una de las transiciones con las cuales mi creatividad se dispara de manera exponencial. Cada transición tiene sus pro y sus contra, y en todas está presente el potencial creativo interior. *Desde mi experiencia, una vez que conoces bastante bien tus fases, estar en Afinidad con la Luna es una oportunidad excelente para brillar y sacar adelante todo lo que te propongas desde una escucha, atención y gestión más coherente de tus deseos íntimos.*

Palabra clave: **Entrega al proceso.**

Ni completamente iluminada,
ni completamente oscura.
Te vas retrayendo a tu interior,
mientras mengua la luna.

Y la reflexión y nuevas perspectivas se apoderan,
para dejar ir aquello que ya no te vincula,
ni con la esencia, ni con el deseo,
que late en tu mujer más profunda.

Luna Menguante	Luna Nueva	Luna Creciente	Luna Llena
Menstruación	Pre-Ovulatoria	Ovulatoria	Pre-Menstrual
Mujer Instintiva	Mujer Lúdica	Mujer Brillante	Mujer Inquisitiva/ Visionaria

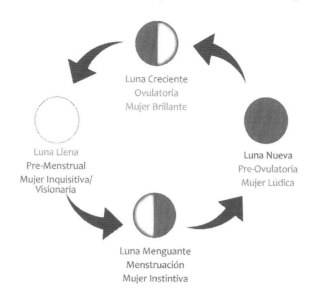

Luna Creciente
Ovulatoría
Mujer Brillante

Luna Nueva
Pre-Ovulatoria
Mujer Lúdica

Luna Llena
Pre-Menstrual
Mujer Inquisitiva/
Visionaria

Luna Menguante
Menstruación
Mujer Instintiva

*M*ientras la luna se va retrayendo nuevamente hacia su cara más oscura, es hora de dejar ir aquello que ya no nos sirve ni nos nutre. En el momento de tu menstruación, acompañas a la luna menguante con tu arquetipo de la **Mujer Instintiva,** mientras ella transita por el arquetipo de **Mujer Inquisitiva-Visionaria.** Has dejado atrás el ciclo de la luna blanca y te mueves de estar en *Afinidad con la luna,* para ir poco a poco hacia la oposición con ésta. Esto quiere decir que te encuentras en la *Transición hacia la Oposición con la luna,* y muy probablemente, la luna llena suceda alrededor de tu fase pre-menstrual (arquetipo de **Mujer Inquisitiva-Visionaria**) en vez de tu fase ovulatoria (arquetipo de **Mujer Brillante**).

Tus energías internas se alínean para darte la oportunidad, a través de todos tus arquetipos, a que reflexiones, desarrolles nuevas perspectivas y *dejes ir* aquellas cosas que ya no son útiles ni en tus rutinas ni en tu vida. *Se trata de que te entregues al proceso.* A lo largo de tu ciclo, la luna primero se irá retrayendo hacia su cara menos luminosa y luego es que se irá iluminando de nuevo. A través de esta transición, la luna nos empuja a que exploremos con más detenimiento nuestro inconsciente, lo cual probablemente se refleje en que te sentirás más introspectiva a lo largo del ciclo, así como tal vez te sientas más cansada y con menos energía y equilibrio, que con el ciclo cuando estabas en afinidad.

Mujer Instintiva / Menstruación / Luna Menguante:

Tu cuerpo estará probablemente más cansado y sintiendo una leve oposición de fuerzas, ya que hay una parte de la luna que aún está iluminada. Es muy importante el descanso durante esta fase, tanto mental, físico y emocional. Habrá un hincapié durante esta transición con la luna para que organices y reflexiones, no sólo lo que deberá de ser el plan de acción para este ciclo, sino ir planificando incluso para el siguiente. Toma en cuenta que estarás más cansada y con menos energía durante el resto de tus fases, con lo cual tu planificación no debe ser sobrecargada, sino mucho más ligera y con menos expectativas para sacar cosas adelante. En esta fase, y esta transición en concreto, comenzará tu proceso de dejar ir y soltar en todos los ámbitos de tu vida, así te parezcan cosas pequeñas. El proceso de desapego para esta transición con la luna empieza con este arquetipo.

Recuerda conectar con tu sentir íntimo para que todo lo que organices y reflexiones sea a partir de tu conexión contigo y tus necesidades.

Mujer Lúdica / Pre-Ovulatoria / Luna Nueva:

Tu cuerpo estará un poco más recuperado, pero quizás te sigas sintiendo cansada. Quizás tengas energía para reanudar actividades de índole más física como deportes o jornadas laborales un poco más largas, pero intenta no excederte. Tu **Mujer Lúdica** estará siendo acompañada por la energía de la luna nueva, es decir, la luna que invita al descanso y la reflexión interior. Puede que tu mente esté más centrada y puedas acometer tareas que requieran lógica, concentración y memoria, pero si experimentas lo contrario, no te frustres. Recuerda que un aspecto fundamental del arquetipo de la **Mujer Lúdica** es poner en acción las reflexiones y los planes hechos durante la fase menstrual desde el placer, los retos que te motivan y muevan, y sentir que creces y aprendes mientras haces cosas que te gustan. Durante esta transición con la luna y con este arquetipo, tu tarea será ir poniendo en práctica el desapego y soltando las cosas que no nutren a tus proyectos, hobbies, pasiones.

Mujer Brillante / Ovulatoria / Luna Creciente:

Tu cuerpo empezará a sentir un poco más de energía y menos letargo, ya que la luna habrá comenzado a brillar poco a poco. A pesar de estar en tu fase más fértil, como la luna no está llena, sino que está creciendo, puede que te sientas un poco menos empática, comunicativa o sociable de lo que acostumbras al llegar a esta fase. Tu tarea como **Mujer Brillante** será la de evaluar aquellas cosas que están impidiendo que tu cosecha termine de madurar, para que tu **Mujer Inquisitiva-Visionaria** (premenstrual) tome las resoluciones pertinentes para dejarlas ir. Sigue mostrando la esencia de quién realmente tú eres, porque a pesar de que no sientas que puedas brillar al máximo, es importante que seas consciente de tu potencial. Lo único que hay que hacer es pulirlo, abrazando y explorando también tu lado oscuro.

Mujer Inquisitiva-Visionaria / Pre-Menstrual / Luna Llena:

Tu cuerpo, mente y emociones experimentarán picos probablemente agudos que serán de mucha energía o cero en absoluto, sensibilidad extrema o euforia repentina, así como concentración e ideas creativas a tope o necesidad intensa de desconexión con todo. Por una parte, la luna llena brilla con intensidad, incitando en ti esos arrebatos de energía, euforia y concentración. Y por el otro, tu **Mujer Inquisitiva-Visionaria** te pide casi a gritos que bajes el ritmo. Recuerda que en esta fase solemos ser muy autocríticas. Tu tarea en esta fase será no automaltratarte por todo lo que has dejado de hacer debido a un cansancio generalizado en todas las fases, para darle continuidad al proceso de soltar y dejar ir. Tu *Mujer Inquisitiva-Visionaria* es la encargada de **CREAR/DESTRUIR**. Utiliza la fuerza opositora de la luna llena con tu arquetipo, para darte cuenta de las cosas que realmente te molestan y que no funcionan en tu vida. También te ayudará a darte cuenta de todas las cosas que sí son importantes y deben permanecer o ser creadas con una perspectiva totalmente diferente. Aprovecha en esta **Transición hacia la Oposición con la luna** para limpiar, ordenar, escribir, pintar, cocinar, o lo que necesite tu *Mujer Inquisitiva-Visionaria* para sentirse a gusto. No luches con la creciente oposición de fuerzas y encuentra la manera de mantenerte conectada siempre con tus deseos más íntimos.

Consejo:

Descansa y no te sobrecargues con tareas mentales y físicas a lo largo de todo este ciclo cuando estás en Transición hacia la Oposición con la luna. Es un ciclo idóneo para reflexionar y darte cuenta de las cosas que ya no funcionan en tus rutinas, personas con las que deseas cortar lazos, proyectos o hobbies que ya no te satisfacen o inspiran, así como es una excelente oportunidad para establecer un vínculo más fuerte con tu inconsciente y tu potencial creativo.

Anécdota sobre la Transición hacia la Oposición con la luna:

En mi propia experiencia, la *Transición hacia la Oposición con la luna,* conllevaba a unos primeros días de menstruación con muchos dolores y muchísimo cansancio. También experimentaba muchos picos de cambio de ánimo y energía cuando iba a entrar a la fase premenstrual y efectivamente en mí, había mayor cansancio a lo largo del ciclo tanto física, emocional, como mentalmente, siendo más evidente la física. Luego de establecer una rutina de ejercicios semanal (caminar mínimo tres veces por semana, 5km cada vez + estiramientos + chi kung + ejercicios de fortalecimiento muscular) y cambiar mis hábitos alimenticios (reduciendo al máximo el consumo de azúcares, gluten, ultraprocesados, alcohol y lácteos), el dolor agudo y el cansancio extremo se redujeron en tres cuartas partes. Me tomó varios ciclos y varias transiciones tomar la decisión de realizar un cambio (soltar/dejar ir) para mejorar mi salud física y poco a poco hacerlo.

Por otro parte, también puedo comentar que es una transición muy interesante que me ha obligado a ser flexible y a no apegarme en muchos sentidos. En una de mis transiciones hacia la Oposición con la luna, el archivo de diseño donde venía trabajando el contenido y estructuración de la agenda, se echó a perder y sólo tenía un respaldo en PDF. No hubo manera de recuperar el archivo de diseño. En vez de frustrarme y enfadarme por lo ocurrido, me puse manos a la obra para comenzar a remaquetar "desde cero". Esto me dio la oportunidad para dejar ir la estructura que tenía pre-establecida y en la que habían partes que no me estaban convenciendo del todo y no sabía cómo cambiar. Esto generó una de las fases más creativas y productivas en el diseño y elaboración de contenido escrito para esta agenda. La clave para mí fue no apegarme a la pérdida del antiguo archivo, porque sabía que necesitaba cambios. Al no apegarme, me di la oportunidad de crear/destruir los cambios que necesitaba la agenda. A su vez, cuando llegué a la premenstrual, los picos de energía física y euforia me permitieron ser creativa en otras áreas que tenía tiempo relegando.

Palabra clave: Manifestación de polaridades.

Al brillar fuerte la luna en lo más alto,
cubres con un manto rojo su luz.
Tus ojos necesitan descanso.
Descanso para cambiar lo que no ha sido,
clarivencia para vislumbrar tus sueños sin esclavizarlos.
Y transitas entre dos mundos opuestos,
buscando las respuestas que en tu corazón se hayan alojados.

Luna Llena
Menstruación
Mujer Instintiva

Luna Menguante
Pre-Ovulatoria
Mujer Lúdica

Luna Nueva
Ovulatoria
Mujer Brillante

Luna Creciente
Pre-Menstrual
Mujer Inquisitiva/
Visionaria

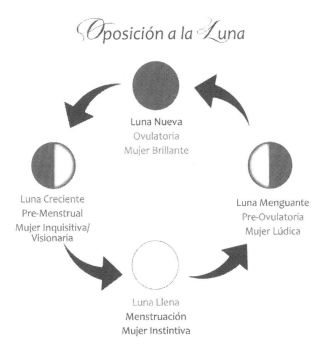

La luna se muestra al completo y te irradia con toda su potente energía. Es hora de dejar ir aquello que ya no nos sirve ni nos nutre a través de la manifestación, observación y vivencia de nuestras más íntimas polaridades. En el momento de tu menstruación, acompañas a la luna llena con tu arquetipo de la **Mujer Instintiva,** mientras ella transita por el arquetipo de **Mujer Brillante.** Has realizado tu trayectoria de paso en el ciclo anterior, y ahora te encuentras transitando la **Oposición con la luna.** Esto quiere decir que, mientras tu menstruación sucede al tiempo de la luna llena, tu ovulación ocurrirá durante la luna nueva. Es un ciclo de energías opuestas, con todos los arquetipos haciendo frente y confluyendo con sus arquetipos contrarios.

Cuando te encuentras en esta transición, *tu ciclo y la luna te estarán brindando la oportunidad de hacer una limpieza profunda en todos los aspectos de tu vida a través de manifestar de forma evidente polaridades en distintas áreas que requieren de tu atención para que seas consciente de ellas, las trabajes, las gestiones y las pulas (limpies) poco a poco.* Desde tus rutinas hasta tus creencias más arraigadas. Si en la transición anterior prevalecía una tarea de desapego, ahora es tu momento de rendirte ante esas fuerzas y quedarte sólo con lo esencial para ser tú. A lo largo de tu ciclo, la luna primero ilumina de forma potente toda tu oscuridad para que la mires de lleno, sin excusas. Deberás de verte al completo, con todas tus contradicciones, con todos tus matices. Esto lo experimentarás a lo largo de todo el ciclo, porque a medida que la luna se mueva, tus arquetipos internos también lo harán, en oposición, obligándote a estar siempre entre dos extremos para que comprendas sus puntos comunes y, cómo puedes balancearlos para que estén en equilibrio o, incluso, a fluir a pesar de la oposición de energías.

Transitas el llamado *Ciclo de la Luna Roja,* ya que tu menstruación y tu **Mujer Instintiva** coincidirán aproximadamente con la fase más luminosa de la luna, la luna llena, tiñéndola metafóricamente con tu sangre y de ahí el nombre de **Luna Roja.** Aprovecha esta alineación para conectarte de manera profunda con tus fases y encontrar tu verdadera esencia. Tu **Mujer Brillante** necesita de tu **Mujer Instintiva** y viceversa. Brillar desde lo instintivo es intuir la luz a pesar de la oscuridad. Las cualidades de ambas mujeres trabajando en armonía y diálogo abierto, potencian las oportunidades para que evoluciones, crezcas y expandas tu consciencia. Aprovecha para limpiar y desintoxicarte de todas aquellas cosas que no te nutren, te hacen daño y te mantienen en un estado crónico de ansiedad y frustración. Es un ciclo en donde con mayor probabilidad el cansancio y la sensibilidad emocional estarán presentes a lo largo de todas tus fases. Si intentas ir en contra de estas sensaciones, entonces te sentirás más irascible o enfadada. La clave estará en escucharte (a tu cuerpo, a tu mente, a tus emociones) con mucho mimo y detenimiento a lo largo de todo tu ciclo, mientras estés en esta transición.

Mujer Instintiva / Menstruación / Luna Llena (Ciclo de la Luna Roja):

Tu cuerpo experimentará probablemente un cansancio más agudo que en ciclos anteriores. Te encuentras en oposición de energías con respecto a la luna llena. Puede que sientas el deseo de realizar actividades que tengan que ver con el exterior y estar más hacia afuera, porque la luna esté brillando con su arquetipo expresivo y brillante. Pero lo que probablemente ocurra en tu interior, es que toda esa intensidad luminosa de la luna haga que se potencie aún más tu necesidad de descanso y reclusión hacia tu interior. La luna te ilumina tu lado más reflexivo y lo potencia para que hagas un alto completo y sólo te dediques a tu cuerpo, a tus necesidades más básicas y conectes con tu yo interior sí o sí.

Si has planificado y organizado adecuadamente tus necesidades de forma previsiva en la transición anterior, éste será tu momento para el descanso absoluto. Un parón de actividad que te obliga a desconectar y estar sólo contigo. Cualquier intento de activarte (físico, emocional o mental) será consciente o inconscientemente rechazado por ti. Durante tu fase de *Mujer Instintiva*, si no descansas y haces sólo cosas que satisfagan tu necesidad de sentirte tranquila y en calma, entonces estarás más irascible, de mal humor y frustrada contigo y con los demás.

En esta fase, y en esta transición en concreto, deberás de hacer limpieza en todos los ámbitos de tu vida. Si no tomas la iniciativa tú, esta transición muy probablemente te presente con situaciones que te obliguen a reflexionar de forma decisiva con respecto a las acciones a llevar a cabo para limpiarte de elementos tóxicos o que no te favorecen en todos los sentidos. Esto lo notarás a lo largo de todo tu ciclo, durante esta oposición con la luna.

Mujer Lúdica / Pre-Ovulatoria / Luna Menguante:

Si no has descansado absoluta y totalmente en tu arquetipo anterior, lo más probable es que tu cuerpo no se sienta recuperado y te sigas sintiendo cansada. Esto, obviamente dependerá de cada mujer. Si sientes períodos de cansancio (físico, emocional, mental) durante esta fase, se deberá a que tu arquetipo de **Mujer Lúdica** se encontrará lidiando con las energías opuestas de la luna en su cara menguante, que pide que nos vayamos retrayendo a nuestro interior. ¿Otra vez? Sí y no.

La parte de ti que está acostumbrada a volver a un estado de "normalidad" y recuperación física, emocional y mental, estará un poco más recuperada, pero esa energía debe de ser empleada con comedimiento. La luna menguante que tienes en oposición, es el ojo crítico. Su energía no permitirá excesos de ningún tipo que no estén relacionados con el objetivo mayor. Durante esta transición con la luna y con este arquetipo, tu tarea será hacer limpieza de las cosas que no te gustan de ti, tus rutinas y tu entorno, y que influyan de alguna manera en tu forma de vida, así como las cosas que no nutren a tus proyectos, hobbies, pasiones. Cuidado con poner la mirada crítica en forma de juicio en tus deseos de placer y juego. Diálogo, compromiso y concesiones son necesarios entre la **Mujer Lúdica** (tu fase pre-ovulatoria) y la **Mujer Inquisitiva-Visionaria** (la luna menguante, fase de la luna que está en oposición a tu arquetipo de fase pre-ovulatoria). Mientras tu placer y actividades de diversión se enfoquen en las cosas que te nutren y no en las cosas que podrían ser tóxicas para ti, más llevadera será esta fase. Esta en una conjunción que te pide que vayas al encuentro de la coherencia entre lo que sientes, piensas, dices y haces.

Mujer Brillante / Ovulatoria / Luna Nueva:

Tu cuerpo puede que siga experimentando la oposición de energías, ya que tu **Mujer Brillante** querrá estar hacia afuera, mientras la energía de la luna nueva te pida reflexión y descanso. Tus dotes de empatía, comunicación y sociabilidad serán menos evidentes, aunque puedas experimentar brotes repentinos de ellos. Tu tarea como **Mujer Brillante** será la de utilizar esas cualidades de empatía, comunicación y sociabilidad de manera reflexiva, para así poder hacer la limpieza pertinente de aquellas relaciones (laboral, de pareja, familiar) que están impidiendo que tu cosecha o tú terminen de madurar o seguir creciendo y evolucionando. Esto no necesariamente quiere decir que tengas que romper lazos definitivos, aunque en determinadas ocasiones puede que lo sea. Se trata de una oportunidad para dejar claro tu postura de cara a los demás, de lo que quieres y lo que no te gusta de las distintas relaciones. Si hay situaciones, conductas o patrones crónicos que tú despliegas hacia afuera y potencias con tu **Mujer Brillante**, es hora de cambiarlos, para que a su vez tu relación con los demás cambie y viceversa.

Es necesario que tu *Mujer Brillante* se conecte con tu lado más íntimo, reflexivo e instintivo. Por eso te acompaña la luna nueva, para que expreses tus deseos más profundos al mundo con firmeza. El diálogo contigo misma debe ser muy honesto y con consciencia de que cualquier transformación debe ocurrir primero adentro, para que luego se refleje afuera. Sólo de esta menera, podrás mostrar la esencia de quién realmente tú eres. Sólo de ti depende emplear los dones que te brinda este arquetipo con firmeza y seguridad, para así poner límites y establecer relaciones que te nutran y te aporten cosas que te permitan crecer y brillar con tu máximo potencial.

Mujer Inquisitiva-Visionaria / Pre-Menstrual / Luna Creciente:

La oposición de energías continúa durante tu fase pre-menstrual, y tu cuerpo, mente y emociones estarán lidiando con las experiencias acumuladas de las fases anteriores y sus oposiciones durante este ciclo. Es probable que el cansancio físico persista, que a tu mente le cueste retener información y centrarse, incluso en períodos cortos de tiempo, así como tus emociones puede que experimenten un nivel alto de sensibilidad.

Ahora se te presenta la oposición contraria de energías. Mientras tú te encuentras en tu arquetipo de **Mujer Inquisitiva-Visionaria**, la luna creciente te acompañará con su **Mujer Lúdica**. Todo tu ser te va indicando que es momento de retraerte poco a poco hacia tu interior, mientras la luna te pide que vayas saliendo al exterior. En esta oposición de energías, realmente hay una conjunción interesante entre la luna y tú. Todos tus impulsos de querer ser independiente y crecer estarán a flor de piel gracias a la luna, mientras tu mirada crítica, inquisitiva, visionaria y sensible de tu **Mujer Inquisitiva-Visionaria** te estarán impulsando para *CREAR/DESTRUIR* todo aquello que tu esencia de mujer necesita para sentirse plena. Es decir, tanto la luna como tu arquetipo buscan lo mismo, y por ello deberás concluir con tu proceso de limpieza profunda en el cual te has visto inmersa a lo largo del ciclo.

Recuerda que con la **Mujer Inquisitiva-Visionaria** se presenta la autocrítica, sobretodo en ciclos en donde no hemos tenido energía física y mental para acometer muchas tareas. Pero tu propósito durante este ciclo ha sido de limpieza en cada una de tus fases. Si has logrado avanzar en el proceso de limpieza, o dado pasos importantes que conlleven a un mejor estado de salud mental, física y emocional, entonces tu *Mujer Inquisitiva-Visionaria* se dedicará a ayudarte a descansar o terminar de poner en práctica los pasos necesarios para culminar con la desintoxicación de esta fase.

Al igual que en la transición anterior, utiliza la fuerza opositora de la luna creciente con tu arquetipo, para darte cuenta de las cosas que realmente te molestan y que no funcionan en tu vida. También te ayudará a darte cuenta de todas las cosas que sí son importantes y deben permanecer o ser creadas con una perspectiva totalmente diferente. Aprovecha en esta **Oposición con la luna** para descansar, ya que ha sido un ciclo con energías en constante oposición. Mantente conectada siempre con tus deseos más íntimos.

Consejo:

Tómate las cosas con calma, observa y atiende con detenimiento todas las necesidades de tus fases durante este ciclo cuando estés en Oposición con la luna. Es un ciclo idóneo para desintoxicarte y hacer limpieza a todos los niveles. Observa qué polaridades se manifiestan en ti, cuáles son y qué cosas las hacen salir a la luz. Si no haces limpieza tú, las circunstancias se encargarán de ponerte las situaciones y a las personas pertinentes para que hagas una reflexión y cambio profundo en algún aspecto de tu vida. No se trata de hacer o limpiar muchas cosas. No es una cuestión de cantidad, sino de calidad.

La Oposición con la luna nos reflejará aspectos claves que necesitan de nuestra atención, para que tomemos una determinación. Escúchate atentamente durante todas tus fases, porque todas te estarán brindando pistas de las cosas que necesitan de una limpieza y mayor armonía en tu vida. *No luches con la constante oposición de fuerzas (polaridades) que te trae esta transición.* Aprovecha sus mensajes para re-conocerte y entenderte mejor, así como para fluir en el aparente caos y cansancio extendido.

Anécdota sobre la Oposición con la luna:

En mi propia experiencia, la **Oposición con la luna** es una de las transiciones que más retos nos ofrece como mujeres dentro de la sociedad occidental. Todos sus aspectos son tan fascinantes, que al redactar el contenido de esta transición, las descripciones se duplicaron con respecto a las demás transiciones.

Transitar por la **Oposición con la luna** brinda un interesante reto con respecto a temas relacionados con la comunicación. Lo que comunicamos a los demás, lo que nos comunicamos a nosotras mismas y también lo que callamos por miedo a generar conflicto y hacer que se oiga nuestra voz, incluso oigamos nosotras nuestra propia voz, sobre lo que realmente sentimos y pensamos. Por lo menos así ha sido para mí. Entre la química que produce el cuerpo a través de las hormonas a lo largo de las fases del ciclo menstrual y la contraposición a la que se enfrentan éstas con las fases de la luna, ya hay bastante material con el cual trabajar para la autoexploración.

En mi caso, la lucha constante con las anemias durante más de dos años producidas por el sangrado abundante que generan mis miomas, hicieron que cada vez que transitaba por la *Oposición con la luna*, el cansancio fuera tan abrumador, que me costaba centrarme en la tarea principal: limpieza y desintoxicación. Aún así, la experiencia consciente de estar atravesando esta transición, me permitió darme cuenta de su enorme potencial para crecer, crear y destruir. Me ayudó a mirar de cerca las cosas que necesitaba cambiar de mis rutinas, de mi relación de pareja, de mi relación con el trabajo, mi relación conmigo misma y mis patrones de autoexigencia y falta de flexibilidad. Incluso amistades que repercutían en mi estado anímico para sentirme bien como persona o mujer. En el tema de las relaciones con los demás (de pareja, amigos, etc.), se me llegaron a presentar situaciones extremas, que pusieron a prueba mi determinación por cambiar y deshacerme de los patrones tóxicos.

La *Oposición con la luna* es una transición en la que solía estar muy sensible durante todo el ciclo, las veinticuatro horas del día, los siete días de la semana (bueno, quizás esto es una exageración, pero muchos momentos del ciclo se sintieron así durante esta transición). Mis grados de empatía solían variar mucho y, en general, estar en *Oposición a la luna* implicaba para mí, tener la sensación de querer recluirme del mundo exterior, porque me generaba demasiados estímulos, sensaciones y experiencias que añadían peso y agobio a mi estado de cansancio global. No obstante, he de reconocer que a pesar de todo el cansancio físico, mental y emocional que pudo producir esta transición, el mantenerme consciente y pendiente de las necesidades de cada una de mis fases, me hizo re-conocerme, re-conectarme y re-aprender quién soy, lo que me gusta y lo que no, así como lo quería cambiar de mí y de mi entorno.

Han sido muchas transiciones y muchos cambios. Algunos pequeños y muy lentos y algunos más determinantes. Pero la constancia por mejorar y cambiar aquello que me es desfavorable o que va en contra de mi sentir más íntimo, siempre está presente. Y sí, he cometido errores/aprendizajes por el camino intentando buscar las mejores alternativas, incluso cometido errores/aprendizajes al no hacer nada en absoluto por dejadez y miedo, sobretodo en cuanto a lo que mi salud física se refiere. Pero poco a poco he llegado a un espacio de tregua en donde puedo ver el avance.

Las anemias no son cosa de juego. La vitalidad y calidad de lo que ocurre a nivel mental y emocional también se ve disminuída o perjudicada. No es sólo el cuerpo, es el trío cuerpo-mente-emociones el que está alterado. Buscar sólo una solución para el cuerpo puede que no arregle los otros dos elementos. Vivir a base de pastillas y tratamientos hormonales para mí no es la solución. Pueden abrir la puerta para acercarme a un cambio más duradero, pero a la final viene de una determinación personal. Conmigo, ese respiro vino a raíz de realizar dos ciclos de un tratamiento hormonal con *acetato de ulipristal* (ocho meses en total) para ver si se reducían los miomas. El más grande sólo se redujo un centímetro, reduciendo su tamaño de de 5,4x3,9cm a 4,3x3,8cm. Pero el mayor avance fue reducir la duración del sangrado a 8 días en vez de 15, y la cantidad de sangrado también se redujo. De todas formas, me tomó unos meses más pasar a la acción para recuperar fuerza y tono muscular, y unos meses más después de eso para tomar acción en cuanto a volver a una alimentación saludable apta para miomas y fertilidad y por supuesto salud en general.

Los hábitos de vida saludable no deberían ser una cosa de moda. El hacer ejercicio, comer lo que a nuestro cuerpo individual le sienta bien (no dietas, hablo de alimentación saludable específica para ti, antiinflamatoria), meditar, hacer cosas que nos gustan, cuidarnos física, mental y emocionalmente, en definitiva **SENTIRNOS Y SER COHERENTES**, deberían ser valores inclulcados desde la infancia, así como parte de las "prescripciones de pastillas, tratamientos y recomendaciones médicas" cuando atravesamos por alguna anomalía o disfunción en nuestro cuerpo o en nuestro aparato reproductor.

Curiosamente, luego de volver a incorporar una alimentación saludable (reduciendo al máximo lácteos, azúcares, gluten, ultraprocesados y acohol) el volumen de sangre menstrual por ciclo volvió a duplicarse hasta casi un litro de sangre. La duración (al momento de publicación de esta agenda en diciembre 2018) se sigue manteniendo en 8-10 días, con lo cual cuento con un mínimo de 10-12 días de descanso antes de volver a sangrar, en vez de sólo 5-7 días. Es decir, el cambio en mis hábitos alimentacios cambió nuevamente la química hormonal de mi cuerpo, aparentemente para "peor", pero el resto de beneficios que he ganado ha sido mayor. La alimentación, unido a mi trabajo con mi terapeuta, a que no he dejado tampoco de hacer ejercicio mínimo tres veces por semana y tomar diariamente un complejo hierro que mi cuerpo sí logra asimilar (así como otros complementos vitamínicos), han conseguido que tenga: menos dolores menstruales, reducción en el tiempo para recuperarme físicamente después de sangrar (sólo dos o tres días), disminución de altos y bajos emocionales, sensibilidad/irritabilidad intermedia o equilibrada en vez de extrema e hipersensible, mayor fuerza y tono muscular generalizado, entre otros beneficios más sutiles. Estos cambios que he conseguido son los que me permiten mantenerme firme y decir que no, ante la nueva propuesta de mis médicos de intentar un nuevo ciclo de *acetato de ulipristal* para disminuir los sangrados. Ya el medicamento, para mí, cumplió su cometido, me dio un respiro para poder realizar los primeros cambios necesarios para recobrar un poco la autonomía de mi salud. Volver a someterme a este tratamiento, implicaría desconectarme de mi útero y mis emociones, y no estoy dispuesta a perder esa conexión conmigo sabiendo que realmente no soluciona el problema de raíz. Me toca seguir trabajando en mí, escucharme y no darme por vencida.

Creo que lo más interesante acerca de esta transición con la luna es la manifestación de polaridades. Si tenemos algún tema en nuestra vida o rutina en nuestro cotidiano que necesitamos explorar, trabajar y atender, éste se presentará mediante situaciones concretas, seamos conscientes de ellas o no. En todos tus ciclos y todas tus transiciones con la luna siempre podrás hacer una limpieza profunda de elementos o patrones tóxicos. No hay que esperar a estar en la transición de *Oposición con la luna* para ponerte en acción. Lo importante es tener en cuenta cuáles son los elementos o situaciones que se disparan o que pueden salir a la luz durante ella (manifestación de polaridades), para así trabajarlas, conocerte y cambiarlas, y así sentirte como realmente te quieres sentir.

Palabra clave: Movimiento y Cambio.

En tu interior hay una guerrera,
que espera el asomo de la luna desde una cueva.
Porque de tu espada y de tu arco y flecha,
nacen las batallas
que cambiarán el rumbo de tu alma inquieta.

Y te moverás con ímpetu,
casi sin cautela siquiera.
Porque querrás ser libre
de las cadenas a las que tú misma te aferras.

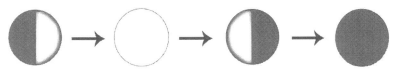

Luna Creciente	Luna Llena	Luna Menguante	Luna Nueva
Menstruación	Pre-Ovulatoria	Ovulatoria	Pre-Menstrual
Mujer Instintiva	Mujer Lúdica	Mujer Brillante	Mujer Inquisitiva/ Visionaria

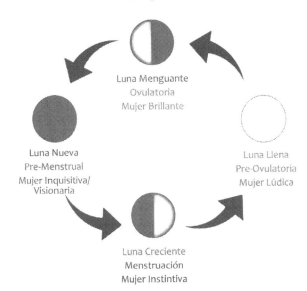

La luna nos muestra la mitad de su luz para que empecemos a tener la energía que necesitamos en aras de que, una vez hecho el proceso de desintoxicación y dejar ir, podamos continuar manteniendo la corriente de cambio. En el momento de tu menstruación, acompañas a la luna creciente con tu arquetipo de la **Mujer Instintiva,** mientras ella transita por el arquetipo de **Mujer Lúdica.** Has dejado atrás el ciclo de la luna roja y te mueves de estar en *Oposición con la luna,* para ir poco a poco hacia la afinidad con ésta. Esto quiere decir que te encuentras en la **Transición hacia la Afinidad con la luna,** y muy probablemente, la luna llena suceda alrededor de tu fase pre-ovulatoria (arquetipo de **Mujer Lúdica**) en vez de tu fase ovulatoria (arquetipo de **Mujer Brillante**).

Tus energías internas se alínean para darte la oportunidad, a través de todos tus arquetipos, de que *te muevas hacia el cambio.* Después de hacer una limpieza profunda en la transición anterior (*Oposición con la Luna*), te toca generar y mantener los cambios que has visto que necesitas en los distintos ámbitos de tu vida para sentirte bien. A lo largo de tu ciclo, la luna primero irá creciendo hacia su cara más luminosa y luego es que se irá retrayendo de nuevo. A través de esta transición, la luna nos da un respiro de tanta oposición y nos brinda un empujón de energía para que nos movamos hacia nuestras metas y objetivos. Debemos de aprovechar los momentos en que nos sentimos activas durante esta transición. Incluso puedes sentirte con exceso de energía y determinación, pero es importante no precipitarte cuando se trate de decisiones importantes. Recuerda tus reflexiones y aprendizajes de las transiciones anteriores, para que durante este ciclo te dediques a seguir cambiando en aquellas cosas que te harán crecer y *sentirte* plena con organización y constancia.

Mujer Instintiva / Menstruación / Luna Creciente:

Tu cuerpo estará probablemente con más energía que en las dos transiciones anteriores. Donde más sentirás el cambio es en tu estado mental y emocional, ya que todo el dramatismo y exceso de sensibilidad habrán regresado a niveles bastantes más equilibrados. Como siempre, durante tu fase de **Mujer Instintiva** (menstruación), deberás prestar importancia al descanso en sus tres niveles: físico, mental y emocional. Habrá un hincapié durante esta transición con la luna para que te movilices y entres en acción. Durante las dos transiciones anteriores, la luna te ha estado preparando desapego y la limpieza profunda, para que de esta manera, durante esta transición hacia la a puedas poner en práctica todas las herramientas que tengas a mano que te permitan ejecu. planes de acción con respecto a las áreas de tu vida que has visto que necesitan un cambio. Du. tu *Mujer Instintiva,* acompañada de la luna creciente, deberás reflexionar y organizar el plan ..nás idóneo para mantenerte firme en tus convicciones. No excedas tus capacidades si tienes brotes repentinos de energía y resérvalas para el resto de las fases de tu ciclo.

Mujer Lúdica / Pre-Ovulatoria / Luna Llena:

Tu cuerpo puede experimentar grandes brotes de energía renovada, ya que durante tu fase pre-ovolutaria (Mujer Lúdica) estarás acompañada probablemente de la luna llena, que te aportará toda la iluminación necesaria para que puedas ejecutar todas las tareas que tengas entre mano y te movilicen hacia el cambio que has visto que necesitas. Aprovecha este momento para centrarte en las tareas que requieran lógica, concentración y memoria. Y si sientes que tienes exceso de energía, realiza alguna actividad física que te ayude a canalizar dicho exceso, y si le añades elementos de juego, placer y diversión mucho mejor. Recuerda que durante esta transición tu **Mujer Lúdica** debe poner en acción las reflexiones y los planes hechos durante la fase menstrual. Sobre todo, tu propósito deberá ser mantenerte en movimiento hacia el cambio. Sólo así, verás los frutos de todo el trabajo realizado en las transiciones y ciclos anteriores.

Mujer Brillante / Ovulatoria / Luna Menguante:

Durante tu fase ovulatoria (**Mujer Brillante**), serás acompañada por la energía de la luna menguante. Tu cuerpo estará con energía, pero habrá bajado la intensidad con respecto a tu *Mujer Lúdica*, ya que la luna empieza a retraer su cara luminosa. A pesar de estar en tu fase más fértil, como la luna no está llena, sino que está decreciendo, puede que te sientas un poco menos empática, comunicativa, sensual o sociable de lo que acostumbras al llegar a esta fase. Tu tarea como **Mujer Brillante** será la de evaluar cómo van tus acciones de movimiento hacia el cambio, si te estás manteniendo firme y si puedes vislumbrar los primeros brotes o resultados de tu trabajo personal. Se trata de ver tu propia luz y cómo ésta te ayuda a iluminar partes de tu ser que desconocías o con las cuales no estabas a gusto o en conflicto por considerarlas negativas. En esta transición hacia la afinidad, es importante tu seguridad en ti, sacando siempre hacia afuera la esencia de quién realmente tú eres. Porque tú tienes el potencial para brillar y cambiar todo aquello que te propongas, siempre desde tu sentir íntimo y genuino.

Mujer Inquisitiva-Visionaria / Pre-Menstrual / Luna Nueva:

Tu cuerpo se desacelera y comienzas a sentir menos energía física y mental, mientras tu lado emocional puede que experimente una alta sensibilidad. En esta fase, la luna nueva hace que tu cuerpo y tu mente bajen drásticamente el ritmo, con lo cual puede que sientas más momentos de cansancio, así como mucha dispersión mental. Recuerda abrazar a tu **Mujer Inquisitiva-Visionaria** en esta fase, para que tus niveles de irritabilidad y ansiedad no se vayan a los extremos. Si te has mantenido constante a lo largo de las fases anteriores para mantenerte centrada en tu intención de acción y movimiento hacia el cambio, más tranquila se sentirá tu *Mujer Inquisitiva-Visionaria* para hacer lo que mejor se le da: **CREAR/DESTRUIR**. Durante esta transición y en esta fase premenstrual, la oscuridad de la luna nueva te brinda la inspiración del inconsciente y tus deseos más íntimos, para que des vida al cambio que has visto que necesitas. También te da la oportunidad de desconectar y disfrutar de ti y las cosas que te gustan hacer, si te has mantenido fiel a ti misma a lo largo del ciclo.

Una vez más, esta fase en ti es tu mejor aliada para darte cuenta de las cosas que funcionan y las que no en tu vida. Aprovéchala y deja de luchar contra ella para evitar la tendencia de autocrítica y frustración.

Consejo:

Aprovecha la oportunidad para realizar los cambios que necesitas (y mantenerlos) cuando estás en Transición hacia la Afinidad con la luna. Es un ciclo idóneo para ponerte en marcha y materializar los proyectos o situaciones que tu ser interior necesita para sentirse pleno y realizado.

Anécdota sobre la Transición hacia la Afinidad con la luna:

En mi propia experiencia, pasar de estar en *Oposición a la Luna* para llegar a la **Transición hacia la Afinidad con la Luna** es un respiro muy bienvenido, luego de las sensaciones de cansancio continuo y altos y bajos emocionales constantes del tránsito anterior. Resulta muy curioso cómo, casi por arte de magia, el peso y la intensidad generados por las fuerzas y energías opositoras de la Oposición a la Luna se disipan. No sabría muy bien cómo describirlo, pero la diferencia es muy notable.

Al principio mi cuerpo sigue con un poco de letargo y cansancio debido a la intensidad de la transición anterior. Donde yo noto más el cambio de energías es a nivel mental y emocional. La extrema sensibilidad baja a un nivel más estable y ya no me siento como si todo me afectase (positiva o negativamente) de manera tan extrema las veinticuatro horas, los siete días de la semana. Eso ya de por sí, ayuda mucho a tener mayor claridad de mente y de juicio a la hora de acometer tareas o relacionarme con los demás. Me siento más abierta para salir al mundo exterior de nuevo, en vez de tener siempre la sensación de que preferiría quedarme en casa, como cuando atravieso *Oposición con la Luna*. Pero ojo, los procesos de desapego y limpieza profunda, generados durante las dos transiciones anteriores, se ponen a prueba durante la **Transición hacia la Afinidad**.

Uno de los ámbitos en los que más he trabajado es en mi relación de pareja. Han hecho falta varios ciclos y atravesar conscientemente por esta transición más de un par de veces, para darme cuenta de todo el camino recorrido y las mejoras y cambios que he logrado implementar en mí y que se han visto reflejadas en mi relación. Esto además, con la ayuda de mi terapeuta, ya que el mero hecho de yo ser consciente de las cosas que quería cambiar no era suficiente. También era necesario saber cómo hacerlo de una forma distinta de las que ya había probado, sin mucho progreso o resultado. Todas las herramientas y todas las ayudas suman, y todas son igualmente importantes. Por lo menos para mí lo son. Sin mi proceso personal de terapia, algunos cambios en mi actitud, pensamiento y emociones acerca de mi relación de pareja no hubiesen sido posibles. A la par, este proceso me ha ayudado también a ponerme en marcha con proyectos personales que mantenía en mi cabeza, pero no terminaba materializando. La conjunción de terapia y la idea del diseño y puesta en práctica de esta agenda, han sido fundamentales para que yo generase consciencia acerca de muchos aspectos de mí misma. Desde una mayor consciencia de mi cuerpo, ver la relación entre mis emociones y los cambios lunares, la importancia de estar activa y materializando mis ideas creativas, la importancia de desafiar mis miedos para comunicar lo que me importa, entre otros. Todo ha sumado para ir poco a poco re-aprendiendo quién soy y mostrarlo, cada vez con más firmeza, tanto a mí misma como al mundo exterior.

Hay *Transiciones hacia la Afinidad con la Luna* que pueden ser muy fluidas, y otras que probablemente nos pongan a prueba y se presenten como aparentemente caóticas. Pero de algo estoy segura, todas nos movilizan hacia el cambio.

Unas últimas palabras sobre las transiciones de nuestros ciclos con los de la luna:

Cuando te involucras en procesos de autoexploración y cambio personal, una de las primeras cosas de las cuales tienes que ser consciente, es tu grado de compromiso para que dicho cambio se efectúe. Hay cambios que podrán notarse de un ciclo a otro. Sin embargo, los cambios más profundos y que requieren de mayor compromiso y trabajo personal, tardarán varios ciclos y varias transiciones para que podamos ver los frutos.

Nuestro recorrido por las fases de la luna y las distintas sincronías que pueda tener nuestro ciclo con ella, no son más que una oportunidad tras otra de estar conectadas con nuestro útero y con nuestro verdadero ser. Pueden haber transiciones más difíciles o complicadas que otras (según sea nuestra percepción), pero todas están ahí para recodarnos de nuestra misión: **cuidar de nuestro ser de mujer tanto física, mental y emocionalmente.**

Debemos re-aprender a escucharnos y sentirnos, a re-valorarnos y re-afirmarnos. Nuestro bienestar es importante, no sólo de manera individual, sino colectiva. Formamos parte de un gran engranaje que nos necesita sanas y plenas para poder contribuir con todos nuestros dones al mundo. El don de la escucha, el don de la empatía, el don de las soluciones creativas, el don de reunir a la gente, el don de apreciar la belleza de las cosas y hacérsela ver a los demás, el don de poner límites y recordarle al mundo que todo tiene su momento y que todo tiene un ciclo.

La Tentación del "Autosabotaje"

El trabajo personal de autoconocimiento y exploración que te propongo con este cuaderno menstrual requiere de compromiso. Soy consciente de que es un reto apartar un tiempo todos los días para dedicárselo a un trabajo como éste. Lo sé, porque en cuanto a mí se me juntan varias actividades en el día, mi lado procrastinador se enciende y deja de rellenar los datos del diagrama lunar o de la hoja de registro semanal con la típica excusa "lo relleno mañana, seguro que me acuerdo". Si no fuese por la aplicación de diario **Diaro App** que utilizo y que tengo instalada en el teléfono, muchos datos se hubiesen esfumado de mi memoria.

Uno de los retos que me impuse para poder terminar de diseñar este proyecto, fue el de entender mi propio miedo que me decía que era una herramienta que muchas mujeres verían como algo demasiado difícil para mantener el ritmo de constancia que requiere para poder ver resultados. Lo que me mantuvo firme en mi propósito, fue mi convicción en lo que yo misma estaba observando que sucedía conmigo al utilizar este cuaderno que he diseñado para mí y para todas. Sé lo que este trabajo es capaz de hacer en tus emociones y pensamientos, porque lo he vivido en carne propia a lo largo de muchos meses de trabajo. Mi potencial creativo se ha visto fortalecido y magnificado gracias a ello. Mi estado anímico en cada una de las fases de mi ciclo menstrual también ha cambiado y mejorado notablemente. Por tanto, siento de manera muy profunda que es un trabajo que debo compartir con otras mujeres, es decir, contigo. Conseguir despertar tu curiosidad para lograr que te involucres y que experimentes el re-encontrarte contigo misma, con tu cuerpo, con tu mente, con tus emociones, y en consecuencia con tu útero y tu parte creativa.

Estoy cansada de escuchar por parte de alumnas o pacientes, incluso amigas y familiares, comentarios poco halagadores con respecto a ellas mismas y su creatividad. Puedo entender que yo tengo un don evidente y pinto muy bien, por ejemplo, pero no por ello mi arte es mejor que aquél que provenga de una contable, una ama de casa, una historiadora, o cualquier otra profesión. **TODAS SOMOS CREATIVAS.** Cada una tenemos nuestra creatividad particular. Y nuestros dones, ya sean de índole mental, manual, oral, etc., se ven potenciados cuando conectamos con nuestro útero y nuestra capacidad de crear.

He querido dedicar este espacio para hablar del autosabotaje, que no es más que nuestras propias creencias limitantes, porque comprendo perfectamente las excusas que pueden llegar a surgir al decidir realizar este viaje de autoexploración. Si no fuese por mi propia "obsesión" con este tema, quizás lo hubiese dejado apenas comenzar. Cada cosa tiene su momento. Probablemente seas de las que necesita primero una inmersión en el campo teórico antes de sumergirte de cabeza a apuntar datos, colorear mandalas y explorar cada faceta de tus emociones, pensamientos y sensaciones físicas. O quizás te comprometas al principio y poco a poco lo vayas postergando. Cada una de nosotras es diferente. Dependerá de tus situaciones personales y de tu compromiso contigo misma para que puedas verle **"el queso a la tostada"**. No pasa nada si comienzas tu trabajo de exploración y luego lo dejas, ya habrás recorrido un camino y eso tiene mucho valor. *Valor de valiente, valor de que tú lo vales.*

Lo que quiero que entiendas es, que para despertar tu potencial creativo femenino, te lo tienes que currar (alias trabajar). Si quieres sentirte bien física, mental y emocionalmente, te lo tienes que currar. Si quieres tener relaciones interpersonales saludables (amigos, familia, pareja, compañeros de trabajo), te lo tienes que currar. Si quieres vivir sin estrés y sin altos y bajos emocionales muy pronunciados, te lo tienes que currar. *Nada que merezca la pena a largo plazo se nos presenta así sin más en una bandeja de plata. Debemos estar dispuestas a comprometernos e invertir las horas que hagan falta para conseguir lo que deseamos.* Y uno de los puntos importantes del trabajo de compromiso que se te presentará con este cuaderno de trabajo, será conectar con tus deseos más íntimos y lo que realmente te importa. Sólo así podrás entender y sentir cómo puedes fluir mejor contigo misma, fluir mejor con el mundo que te rodea y conseguir lo que realmente quieres, no lo que hasta ahora has creído que querías. Y puede ser algo tan sencillo, y a la vez tan complicado, como sentirte tranquila y sin angustia la mayor parte del tiempo.

Y es que sentirnos suficientes puede ser un gran reto. Ser la mejor novia, esposa, empleada, madre o cualquier otro adjetivo agota, porque no hay un fin. Siempre se espera más, esperamos más. Es decir, tanto nosotras esperamos dar más o ser más (no sentimos que damos lo suficiente o somos suficiente), como pensamos que los demás esperan más de nosotras (esto puede o no ser así en realidad, pero la sensación de que es así está ahí). Deberíamos sentirnos bien ahora con lo que tenemos y somos ahora y trabajar para mejorar lo que queramos mejorar. Primero hay que agradecer lo que tenemos y lo que somos, porque si no, cualquier intento de añadirle cosas a nuestra personalidad, conocimiento intelectual, objetos materiales, esfuerzos profesionales, etc., etc., no llenarán nunca nuestro vacío o nuestra expectativa sin fin. Siempre habrá algo más. Y resulta que todo nuestro ser nos está gritando para que nos demos cuenta que **SOMOS SUFICIENTES AHORA**.

Nuestra mente es muy hábil en el arte de distraernos de nuestros propósitos. Mientras menos conexión tengamos entre nuestros pensamientos, emociones y sensaciones físicas, más control le otorgaremos a nuestra mente para que dirija nuestras acciones. *La idea es que todo nuestro ser esté conectado y comunicándose para saber cuáles son nuestras necesidades reales. Sólo en equilibrio, podremos discernir entre las excusas o creencias arraigadas y el deseo o necesidad real de cada momento.*

El trabajo que yo te propongo con este cuaderno de trabajo es para lograr ese equilibrio, esa conexión. Es una propuesta para que te enteres de tu valor como persona y como mujer, para que te re-encuentres contigo y tus deseos, emociones, anhelos. Es una propuesta para que te re-encuentres con tu cuerpo y sus mensajes sutiles y no tan sutiles, para que entiendas cuándo la mente te gobierna y tu sistema no está conectado. Es una propuesta para que te escuches a ti, para que te maravilles de ti en el proceso. No es ni una obligación, ni una imposición.

Las excusas que te pongas en el camino (o no) serán tuyas, responsabilízate de ellas. Sé consciente porqué haces o dejar de hacer las cosas (¿qué creencia hay detrás?). Y sobre todo, estate abierta a la posibilidad de que puedes cambiar de opinión, que nada está escrito en piedra y que si en algún momento decides dejar este trabajo de exploración, puedes retomarlo en cualquier momento, porque será tu momento de hacerlo.

Parte 2

Guía de uso del Cuaderno Menstrual para la Creatividad

En esta sección encontrarás todas las explicaciones detalladas de los elementos que componen la parte práctica de este cuaderno menstrual con mandalas uterinos y cómo utilizarlos para que les saques el mayor provecho posible.

Cómo Usar este Cuaderno

**Re-conociéndote y despertando tu potencial creativo
a través del registro de tus ciclos**

Cada ciclo menstrual en esta agenda está compuesto por cuatro semanas de siete días (28 días en total por ciclo). Independientemente de si tu ciclo tiene una duración menor a veintiocho días, el **Registro Semanal** te permitirá comenzar desde la primera casilla en cualquier día de la semana. Cada semana corresponde a una fase de tu ciclo (aproximadamente). Tu tarea de investigación a lo largo del recorrido por esta agenda será determinar la duración de cada fase en ti, así como las características físicas, emocionales y mentales que te acompañan en cada fase de tu ciclo.

Utiliza la información teórica proporcionada para ayudarte en tu camino de exploración y re-conocimiento de ti misma. Compara. Contrasta. Verifica qué aspectos de la teoría concuerdan contigo y cuáles son diferentes. Sé curiosa y cuestiona. Aprende a preguntarte cómo eres, cómo piensas y cómo te sientes cada día. Sólo así podrás ir poco a poco re-construyendo y mejorando esa versión de ti que siempre ha estado contigo y que te hace única. Recuerda que cada una de esas versiones que componen tu psique de mujer, poseen habilidades creativas, cada una en su estilo. Aprende a re-conocer las habilidades de cada una de tus fases, aprende a re-conocerte a ti. No eres ni mejor ni peor en una fase o en otra. Eres distinta y lo aconsejable es que aprendas a integrar y a amar a las diferentes versiones que te componen, porque todas son tú.

Vuélvete una científica loca, apasionada y eternamente curiosa de todo lo que pasa contigo. Algunas veces hallarás respuesta con bastante rapidez y otras, pues tardarás un poco más, o la respuesta quizás nunca llegue. No desistas. Querer entenderte y saber quién eres es el gran misterio, la gran pregunta que nos atañe a todos como raza humana. Tú procura saber lo más que puedas sobre ti para que no seas definida ni catalogada por otros o las circunstancias.

Las herramientas que encontrarás en esta agenda para realizar tu trabajo de exploración y reconocimiento de ti misma son las siguientes:

1.- Lunario 2018-2021

2.- Tabla de registro global - Resumen de 13 ciclos

3.- Diagrama menstrual de 28 días (13 en total)

4.- Mandalas semanales

5.- Hoja de Registro semanal

6.- Hoja para Otros apuntes/Sueños del ciclo

7.- Hoja en blanco para Escritura libre/Dibujo libre

68• • • •

A continuación, encontrarás la explicación detallada de cómo utilizar cada una de estas herramientas en tu trabajo de exploración y despertar de tu potencial creativo femenino.

Como complemento a la guía de uso escrita presente en el cuaderno, te ofrezco el acceso gratuito a su contraparte en formato **vídeo de 1h**: la *Guía de Uso 13 Lunas Cuaderno Menstrual*. Pon en tu navegador el siguiente URL/link/enlace **http://bit.ly/GuiaUso13Lunas.** Lo único que tendrás que hacer es suscribirte a mi lista de correos/newsletter para acceder al vídeo.

Lunario y Registro de 13 ciclos

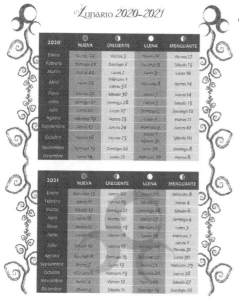

Lunario 2018-2021

El lunario es un calendario con las fechas en que cada fase de la luna se verá durante el año (Nueva, Creciente, Llena, Menguante). Esta agenda contiene los lunarios para los años *2018, 2019, 2020 y 2021*. Esto te permitirá comenzar tu exploración en cualquier momento, sin miedo a que no tengas los datos de las lunaciones del siguiente año.

Así pues, tendrás a mano esta información para poder utilizarla en los diferentes registros que te ayudarán a entender mejor tu conexión con tu ciclo, su relación con la luna y experimentar cómo se despierta tu potencial creativo.

Tabla de registro global - Resumen de 13 ciclos

En esta hoja podrás apuntar los datos básicos recopilados en cada uno de tus ciclos según la información que vayas colocando en los diagramas menstruales. De esta manera tendrás a mano dicha información, a modo resumen en un solo espacio, por si en algún momento necesitas o te apetece comparar los cambios que han sufrido tus ciclos según la luna y las estaciones. También podrás comparar duración completa de los ciclos, duración en días del sangrado, cantidad de flujo aproximado en el sangrado, y el día aproximado en que ocurre tu ovulación.

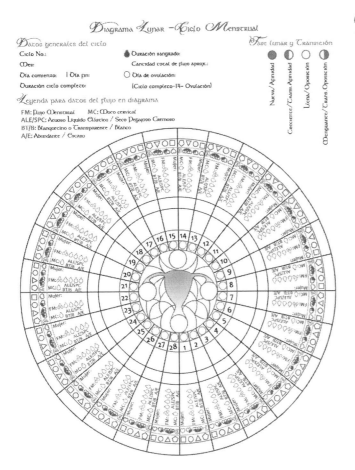

Diagrama Lunar – Ciclo Menstrual

Datos generales del ciclo

Ciclo No.:

Mes:

Día comienzo: | Día fin:

Duración ciclo completo:

Fase lunar y Transición

Duración sangrado:

Cantidad total de flujo aprox.:

Día de ovulación:

(Ciclo completo-14- Ovulación)

Nueva/Apertura — Creciente/Cuarto Aprndad — Llena/Oposición — Menguante/Trans. Oposición

Leyenda para datos del flujo en diagrama

FM: Flujo Menstrual   MC: Moco cervical
ALE/SPC: Acuoso Líquido Elástico / Seco Pegajoso Cremoso
BT/B: Blanquecino o Transparente / Blanco
A/E: Abundante / Escaso

Diagrama menstrual de 28 días

El diagrama lunar o menstrual es una herramienta que permite observar los cambios que se producen durante nuestro ciclo menstrual. Su característica más importante radica en hacernos conscientes de las cuatro energías o fases por las que atravesamos durante cada ciclo: menstruación, pre-ovulación, ovulación y pre-menstruación.

La mayoría de las mujeres sólo son conscientes de una o dos fases, porque son las "más sencillas" de identificar. Las dos fases que normalmente identificamos sin problema son la menstruación y la pre-menstruación. La menstruación porque es cuando sangramos y la evidencia física está ahí. Y luego la pre-menstruación, porque unos días o una semana antes de que aparezca el nuevo ciclo, experimentamos cambios físicos y emocionales a los cuales nos han enseñado desde pequeñas a darles el nombre de *síndrome pre-menstrual*. Las etapas de la pre-ovulación y la ovulación pasan prácticamente desapercibidas y de lo único que solemos ser conscientes es que durante esos días no sangramos y estamos "más estables" emocionalmente.

Como habrás leído en los apartados específicos de cada fase, cada una tiene características identificables tanto a nivel físico, de pensamiento y emocional. Tu tarea a través del diagrama lunar será identificar cada fase asignándole un color a cada una. Los primeros ciclos serán un tanto de ensayo y error mientras te vas conociendo y conociendo las energías físicas, emocionales y de pensamiento que se mueven en ti a lo largo del mes. Poco a poco verás cómo en cada ciclo te conoces un poco más e incluso puedes hacer predicciones acerca de tu comportamiento y cómo estarás en fechas específicas. Lo importante es observarte y apuntar todo lo que consideres relevante para que te ayude a hacer una comparativa en futuros ciclos.

A continuación, la explicación de los datos que deberás rellenar en cada hoja de los treces diagramas menstruales presentes en esta agenda:

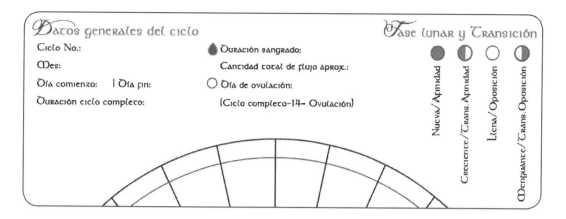

Datos generales del ciclo

Ciclo No.:

Mes:

Día comienzo: | Día fin:

Duración ciclo completo:

🩸 Duración sangrado:

Cantidad total de flujo aprox.:

⚪ Día de ovulación:

(Ciclo completo-14- Ovulación)

Fase lunar y Transición

Nueva/Afinidad

Creciente/Trans.Afinidad

Llena/Oposición

Menguante/Trans.Oposición

1.- *Ciclo No:* Indica el número del ciclo que estás registrando. Si es tu primera vez con una agenda menstrual, pues empezarás registrando tus ciclos del 1 en adelante. Si has utilizado otras agendas o llevas registrando tus ciclos con otros apuntes y diagramas lunares, puedes continuar tu trabajo de exploración colocando el número de ciclo pertinente según los ciclos que ya hayas registrado por tu cuenta con anterioridad.

2.- *Mes:* El mes o meses en el que se desarrolla el ciclo que estás registrando (Ej: Mayo 2017 o Mayo-Junio 2018).

3.- *Día comienzo/Día fin:* El día del mes en que comienza tu ciclo (primer día de sangrado) y el día en que finaliza es justo el día anterior al que vuelvas a sangrar.

4.- *Duración ciclo completo:* La cantidad total de días que dura tu ciclo, desde el primer día de sangrado hasta el día anterior a que empieces a sangrar de nuevo (Ej: 22 días ó 27 días, dependiendo de tus ciclos).

5.- *Duración sangrado:* El número total de días en que te ha durado el sangrado (incluyendo los últimos días que manchas (Ej: 5 días, 8 días, 15 días).

6.- *Cantidad total de flujo aproximado:* La cantidad total de flujo menstrual durante los días que dure el sangrado, incluyendo los últimos días en que manches. ***Este espacio es opcional.*** Para aquéllas que utiliceis la copa menstrual, es el momento perfecto para observar cuánto flujo diario se deposita en la copa. Incluso podéis apuntar la cantidad diaria en la casilla en donde hay que colorear la fase del ciclo en el diagrama. Si en cambio, sueles utilizar compresas o tampones, también te puedes poner creativa y experimentar con una jeringuilla, agua tintada de rojo y una compresa o tampón limpios e ir inyectando mililitros para determinar la cantidad de flujo depositado aproximado. Así podrás saber a ojo, una aproximación de tu cantidad de flujo cada vez que te cambies la compresa o tampón.

7.- *Día de ovulación:* Este día lo puedes calcular restándole el número 14 a los días que dura tu ciclo completo. A pesar de que exista esta fórmula, es sólo un aproximado y cada mujer puede variar. Con lo cual la observación de tu flujo vaginal de forma constante también será una clave importante (transparente, elástico y abundante). Si quieres conocer una metodología más rigurosa en la que puedas determinar los días en que ovulas deberás informarte más. Te aconsejo que busques información acerca del método de la temperatura basal, así como el método sintotérmico.

8.- *Fase lunar y Transición:* Indica la fase lunar predominante que hay durante el primer día de tu ciclo y enciérralo en un círculo, rectángulo o subráyalo. La transición con la luna que atravesará tu ciclo está indicada junto con la fase de la luna.

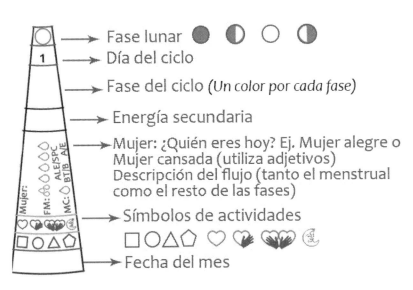

Fase lunar
Día del ciclo
Fase del ciclo *(Un color por cada fase)*
Energía secundaria
Mujer: ¿Quién eres hoy? Ej. Mujer alegre o Mujer cansada (utiliza adjetivos)
Descripción del flujo (tanto el menstrual como el resto de las fases)
Símbolos de actividades
Fecha del mes

Datos a colocar en las casillas de los días de tu ciclo:

1.- *Fase lunar:* indica la fase lunar predominante el primer día de tu ciclo y luego ubica las siguientes fases de la luna en el diagrama según las fechas facilitadas en el lunario.

2.- *Día del ciclo:* el día 1 será el día en que empieces a sangrar.

3.- *Fase del ciclo:* colorea cada fase de tu ciclo menstrual con un color. Este espacio será para la fase predominante.

4.- *Energía secundaria:* puede ocurrir que aunque estés en una fase determinada, sientas características emocionales y de pensamiento propias de otra de tus fases. Identifica la fase secundaria según los colores que hayas decidido asignarle a cada fase.

5.- *¿Quién eres hoy? y Descripción del flujo:* Normalmente, en un diagrama lunar, este espacio es para que apuntes todas las características relevantes de ese día del ciclo: emociones, estado mental, estado físico, flujo, sueños, deseo sexual, y cualquier otro aspecto que consideres relevante. Pero sinceramente, apuntar tantas cosas en un espacio tan reducido se hace complicado. Por tanto, una característica básica que sí puedes apuntar en este espacio y que te ayudará a conocerte mejor es tu flujo y un adjetivo que crees que te describa mejor en ese día particular. El flujo lo puedes observar sin mayores complicaciones, e incluso puede ser de gran ayuda para romper mitos o miedos acerca de explorar nuestro propio cuerpo. Y donde aparece la palabra *Mujer*, utiliza un adjetivo o dos con los cuales te sientas identificada ese día. Esto también te ayuda a ubicarte poco a poco en la fase en la que te encuentras.

He diseñado este espacio con datos específicos a rellenar de manera sencilla sobre tu flujo y tu estado del día, precisamente para ayudarte a simplificar y ahorrar tiempo, sin que te genere demasiados quebraderos de cabeza. A mí me gustaba utilizar este espacio para describir mi flujo, tanto el menstrual como el flujo del resto de las fases. Analizar mi flujo día a día es una de las cosas que me ha ayudado a conocer más mi cuerpo y es la que me ayuda muchas veces a identificar las fases pre-ovulatoria y ovulatoria cuando las características emocionales y mentales no me son tan claras. A lo largo de los ciclos he podido ir determinando la relación entre el tipo de flujo y las características mentales y emocionales. Es por ello, que lo he diseñado de forma tal para que tú coloques los datos básicos de tu flujo. Pero que sepas que hay más indicadores que pueden ayudarte a determinar la fase en la que te encuentras.

Leyenda para datos del flujo en diagrama:

FM: Flujo Menstrual   **MC:** Moco cervical

ALE/SPC: Acuoso Líquido Elástico / Seco Pegajoso Cremoso

BT/B: Blanquecino o Transparente / Blanco

A/E: Abundante / Escaso

Para el flujo menstrual, puedes ceñirte a tu propio criterio según estés manchando, tengas un flujo leve, medio, abundante o muy abundante. Colorea las gotas acordemente.

Para el moco cervical, me he guiado por el cuadro comparativo expuesto en el libro **Manual Introductorio a la Ginecología Natural**[4] de *Pabla Pérez San Martín*, quien a su vez cita el trabajo de *J. García Paniagua y N. Vargas Casanova* en **Ciclos Femeninos y fertilidad consciente**. El único dato que he dejado fuera del cuadro es el aspecto del sabor.

Moco Cervical	Fértil	No Fértil
Apariencia	Acuoso, líquido, elástico	Seco, pegajoso, cremoso
Color	Blanquecino o transparente	Blanco
Cantidad	Abundante	Escaso

6.- *Símbolos:* Utiliza los símbolos del cuadrado, el círculo, el rectángulo y el pentágono para identificar las actividades creativas que hayas realizado durante el día. Intenta utilizar siempre el mismo símbolo para el mismo tipo de actividad (Ej: círculo= pintar, cuadrado= escribir, triángulo= tareas de diseño en ordenador, pentágono= cocinar como actividad creativa). También encontrarás los símbolos de sexualidad y el de sueño para los días en que hayas tenido relaciones sexuales o te hayas masturbado, así como los días en que hayas tenido un sueño y te hayas acordado de él.

7.- *Fecha del mes:* coloca la fecha del mes según el calendario gregoriano. A mí me gusta incluso añadirle el día de la semana (Ej: Mie.26Abr).

---

4   **Manual introductorio a la ginecología natural** de Pabla Pérez San Martín (Ginecodofía Ediciones, 2009. Tercera edición, solsticio de invierno 2015). p.205

Imagen de Diagrama lunar (uno de mis ciclos):

En las siguientes dos páginas encontrarás dos diagramas lunares con los datos rellenados. Es el mismo ciclo, pero en dos formatos de diagrama lunar ligeramente diferentes. En la primera imagen, podrás observar un ejemplo de cómo yo suelo rellenar la hoja correspondiente al diagrama lunar sin la guía de símbolos, porque los incluyo manualmente. La segunda imagen es el mismo ciclo, pero con los datos volcados en la hoja del diagrama lunar que ya tiene incorporados los símbolos.

Te muestro estos dos ejemplos, ya que yo tengo la capacidad de adaptar mi caligrafía a espacios reducidos. Pero, quizás para ti, ése no sea el caso. De hecho, al consultar con una de mis amigas y algunas de mis alumnas su opinión con respecto al espacio y los datos que se debían rellenar, fue evidente que había que realizar una modificación en la hoja para que hubiese que escribir lo menos posible. Básicamente, lo más práctico era una hoja en dónde sólo hubiese que seleccionar dentro de un grupo determinado de alternativas. Te enseño los dos ejemplos de diagrama, para que sepas que también eres libre de hacer tu propio diagrama lunar con los datos que tú consideres como más pertinentes. Los que yo he colocado, son los que para mí facilitan el reconocimiento de las distintas fases, por lo menos a nivel físico, en el área destinada para apuntar *¿Quién eres hoy? y Descripción del flujo*.

He de confesar que, incluso sin símbolos, para mí este espacio es insuficiente y suelo registrar información más detallada en mi *DiaroApp*. A causa de mi tema de menstruaciones abundantes, suelo apuntar las horas en que me cambio la copa o compresa, o ambas, cómo era el flujo y la cantidad en esa hora específica. Esto luego me ayuda a hacer un recuento de la cantidad de mililitros que sangré ese día y qué características específicas tuvo el flujo a lo largo del día. Si te fijas, la cantidad total de mililitros que sangré durante cada día también la coloco en el diagrama en el espacio donde se colorea "la fase del ciclo". *Utiliza este espacio para apuntar tu flujo de la mejor manera posible y qué tú lo entiendas. Recuerda que esta información luego será valiosa para hacer futuras comparaciones con otro de tus ciclos.* De todas formas, puede que te tome un par de ciclos descubrir los datos que son más importantes para ti sobre tu flujo. También recuerda que otra de las claves es experimentar, así que encuentra el estilo de datos que más se adapte a ti. Esto último es por si no quieres utilizar el diagrama que yo te proporciono, sino que prefieres diseñar uno personalizado para ti.

También, en los dos ejemplos, podrás observar cómo, a pesar de que yo solía experimentar una menstruación de duración muy larga (ahora es más corta, pero las cantidades igual son muy abundantes), en el espacio designado para "energía secundaria", suelo colorear con los colores correspondientes a otras fases, los momentos en que siento que también estoy atravesando características de dicha fase, ya sea por características mentales, físicas o emocionales. Esto requiere de varios ciclos de observación.

Te invito incluso a que escribas fuera del diagrama. Yo suelo poner mis actividades más importantes del día, es decir, si he tenido una cita médica, si han venido familiares o amigos de visita, actividades semanales, etc. Me ayuda a ubicarme en el día de la semana y lo que haya podido pasar ese día. Sé que no es demasiado espacio el que sobra fuera del diagrama, pero que sepas que cualquier recoveco vacío que haya y que te sirva para poner un dato o información que tú consideres relevante, *lo puedes aprovechar*.

Diagrama Lunar - Ciclo Menstrual

Datos generales del ciclo

Ciclo No.: 17

Mes: Mayo-Junio 2017

Día comienzo: 18 | Día fin: 9 Jun.

Duración ciclo completo: 23 días

🌑 Duración sangrado: 15 días

Cantidad total de flujo aprox.: 635 ml

⚪ Día de ovulación:

(Ciclo completo-14- Ovulación)

Fase lunar

Nueva · Creciente · Llena · Menguante

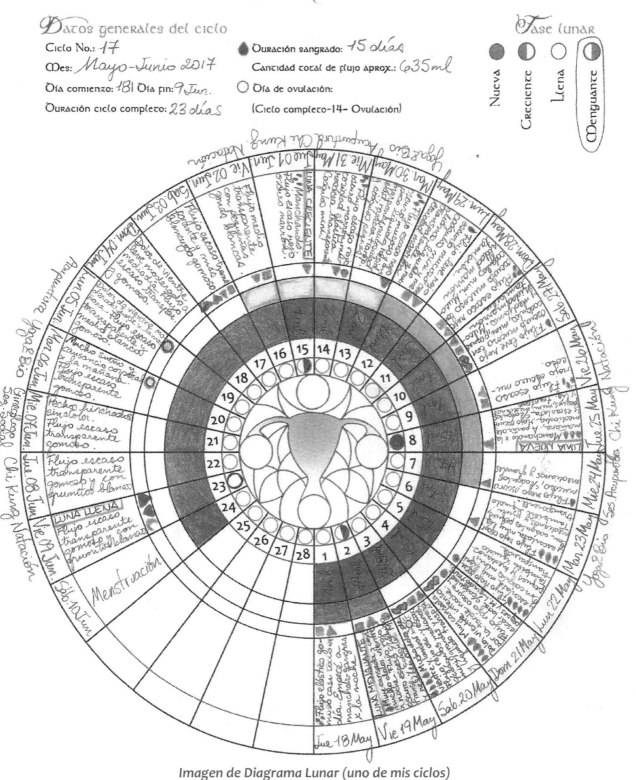

Imagen de Diagrama Lunar (uno de mis ciclos)

Diagrama Lunar – Ciclo Menstrual

Datos generales del ciclo

Ciclo No.: 17

Mes: Mayo – Junio 2017

Día comienzo: 18 | Día fin: 9 Jun

Duración ciclo completo: 23 días

🩸 Duración sangrado: 15 días

Cantidad total de flujo aprox.: 635 ml

◯ Día de ovulación:

(Ciclo completo -14- Ovulación)

Fase lunar y Transición

- ● Nueva / Afinidad
- ◑ Creciente / Trans. Afinidad
- ◯ Llena / Oposición
- ◐ Menguante / Trans. Oposición

Leyenda para datos del flujo en diagrama

FM: Flujo Menstrual   MC: Moco cervical

ALE/SPC: Acuoso Líquido Elástico / Seco Pegajoso Cremoso

BT/B: Blanquecino o Transparente / Blanco

A/E: Abundante / Escaso

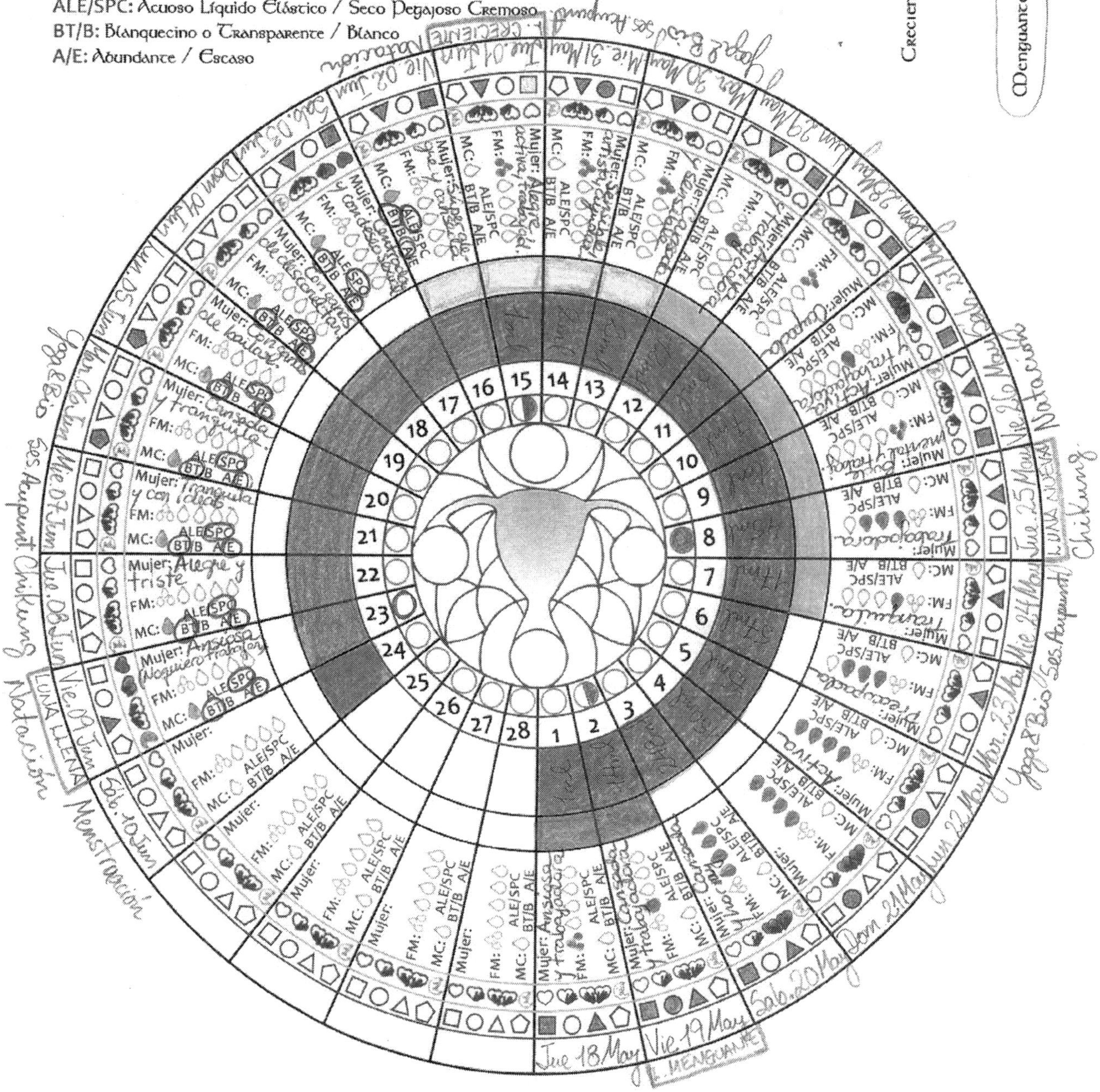

Imagen de Diagrama Lunar con símbolos (el mismo ciclo)

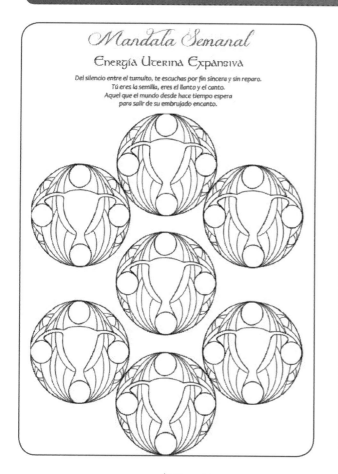

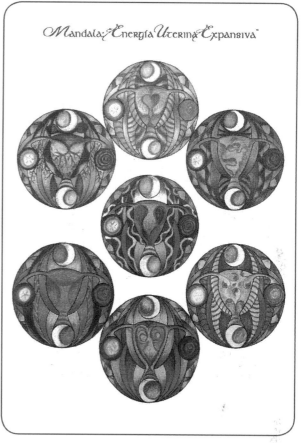

Despertando tu potencial creativo día a día

Para esta agenda-cuaderno he diseñado trece mandalas distintos. A cada uno de esos mandalas le he escrito un poema particular con lo que para mí representa la energía, simbología y significación de ese mandala. Todos los mandalas, en algún punto de la agenda, recorren las cuatro fases del ciclo menstrual (menstruación, pre-ovulación, ovulación y pre-menstruación). Así, podrás experimentar cada diseño en cada una de las fases de tu ciclo.

Cada semana encontrarás una hoja con siete mandalas, todos con el mismo diseño. La idea es que por cada día de la semana, apartes un tiempo para colorear un mandala. *Un mandala por día.* Cada día deberás buscar la manera de colorear el mismo mandala de forma diferente a cómo lo hayas hecho el día anterior. No es tan difícil, ya que nuestras energías diarias cambian y nuestros gustos y preferencias de colores también. Los mandalas semanales son tu oportunidad de explorar y despertar tu potencial creativo (que lo tienes, te lo aseguro).

No te preocupes demasiado, ni te estreses, si en una semana no tienes tiempo o ganas de pintar los siete mandalas. Con que pintes uno a la semana ayudará a tu inconsciente a despertar en ti tu potencial creativo. Eso sí, mientras más mandalas pintes/colorees en una misma semana, más notarás cómo se despierta tu potencial creativo.

Sobre todo al inicio de tu viaje por la agenda es recomendable intentar colorear, durante una o dos semanas, los siete mandalas. *Recuerda que tu potencial creativo no será sólo encontrar nuevas formas y colores para pintar. Los mandalas te despertarán ideas, emociones, pensamientos, e incluso resolución de problemas que antes no eras capaz de ver, intuir o asimilar.* Los mandalas semanales son la oportunidad perfecta para volcar tus emociones diarias en ellos. Es tu tiempo de meditación activa en donde dejarás que tu inconsciente vaya poniendo orden en el caos o simplemente orden en lo que haya sido tu día.

Colorea según tu instinto. No te limites simplemente a colorear. Permítete la libertad de ver en cada espacio un sitio donde poner figuras, líneas, formas, palabras. Los mandalas de la agenda tienen una estructura, que puedes seguir o no, dependiendo de tus gustos y tu intuición.

A continuación la guía de cómo colorear los dos elementos clave de los mandalas de esta agenda:

El útero central:

Todos los mandalas a colorear son mandalas uterinos. Por consiguiente, todos tienen la forma de un útero en el centro del diseño. Éste es el espacio perfecto para que dejes libre a tu imaginación y a tu inconsciente para que dibujen y coloreen formas, objetos, líneas o lo que sea, dentro de ese espacio. No tienes límites, incluso pueden ser palabras dentro del útero.

Este espacio es el que yo considero como aquél que resume la energía del día. Lo que pintes en este espacio vendrá siendo como tu anhelo más profundo, tu preocupación más acuciante o simplemente tu mensaje para ti de tu inconsciente para el día. No tiene que tener sentido. Sólo tienes que pintar y colorear lo que salga de tu interior.

Las cuatro fases de la luna:

Yo soy muy Virgo (para lo que me conviene) y siempre sigo un patrón o un hábito. Yo te doy la directriz, tú luego haces con los espacios de la luna lo que te apetezca.

En cada mandala uterino, tienes cuatro círculos que representan las fases de la luna. La idea es que cada semana representes gráficamente la fase de la luna en la que te encuentras.

Luna Nueva

Luna Creciente

Luna Menguante

Luna Llena

Yo utilizo el círculo que se sitúa debajo del cuello del útero como punto de partida. De esta manera, al pintar los mandalas, me ubico semana a semana en la fase lunar en la que estoy. Si esa semana, la fase predominante de la luna es la luna **Llena**, pues coloreo mi versión de la luna llena en el círculo que se encuentra debajo del cuello del útero. Las siguientes fases de la luna, las hago en dirección contraria a las agujas del reloj.

Registro Semanal

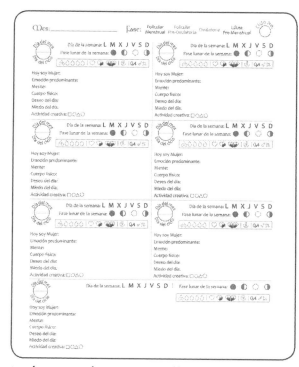

El resumen de tu día y tu semana dentro de un ciclo específico

La hoja del registro semanal es un breve resumen de tu día a día dentro de una semana de siete días dentro de tu ciclo. No importa el día de la semana en que comience tu ciclo, esta hoja te permitirá registrarlo desde la primera casilla.

Soy consciente de que el espacio para escribir en el registro semanal de esta agenda es limitado y además condicionado a tópicos específicos. Siendo yo misma una fanática de apuntar un montón de emociones, estado físico, estado mental y muchos etcéteras, a la hora de diseñar y poner en práctica la agenda conmigo misma, me di cuenta que había días en que si no tenía una referencia o guía específica de los datos que

tenía que colocar en mi día, no escribía nada y dejaba el espacio en blanco. Es por ello, que he seleccionado aquellos aspectos que yo he encontrado que me ayudan a centrarme para saber cómo estoy ese día en particular.

Esta idea no hubiese sido posible sin la inspiración del libro **Diario de un Cuerpo** de Erika Irustra y las guías de Miranda Gray en su libro **Luna Roja**. Lo que he hecho ha sido combinar un poco las dos perspectivas y tienen algunas diferencias de concepto con las utilizadas por las autoras. Aun así, yo llevo un registro aparte digital para poder apuntar todos los detalles que desee, en los días que quiero apuntar más cosas. Este registro digital lo hago a través de la aplicación para PC y dispositivos con Android que se llama **Diaro**. Esta app es muy sencilla, te permite categorizar tus entradas, adjuntarle imágenes y añadirle una ubicación en Maps. Puedes descargarla para tu móvil y así no tienes excusas. Estés donde estés puedes escribir. Con la versión de pago (que tan sólo cuesta 3,99$) puedes sincronizar tu móvil con el ordenador y otros dispositivos.

El registro semanal desglosado:

| Mes: | Fase: | Folicular Menstrual | Folicular Pre-Ovulatoria | Ovulatoria | Lútea Pre-Menstrual | Ciclo No. |

En la parte superior de la hoja deberás de colocar el mes en curso del ciclo que estás registrando, y si quieres, puedes añadirle el año. Luego, selecciona la fase del ciclo en la que te encuentras esa semana (puedes escoger más de una si tus energías cambian de una fase a otra durante esos siete días). En el círculo donde ves el texto **Ciclo No.**, apunta qué ciclo estás registrando (el 1, 2...13) para así poder orientarte cuando busques información dentro de la agenda.

Día del mes: La fecha de ese día.

Día del ciclo: El día del ciclo en el que te encuentras (El día 1 es cuando empiezas a menstruar, y de ahí en adelante los días que siguen hasta que te vuelva a venir tu próximo ciclo).

Día de la semana: L M X J V S D
Fase lunar de la semana: ● ◑ ○ ◐

Día de la semana: Encierra en un círculo el día de la semana para cada día de tu ciclo. La letra X es para el día miércoles. *Fase lunar de la semana:* Selecciona la fase lunar predominante durante esa semana o una alternativa entre las fases predominantes de la luna durante el registro de los siete días.

Flujo, Sexualidad, Sueños y Otros apuntes

Flujo: Principalmente para que lo utilices durante los días de tu sangrado menstrual, aunque eres libre de encontrarle más utilidades a medida que tu flujo va cambiando en el transcurso de las siguientes fases. Para ello utiliza distintos colores que te ayuden a determinar el tipo de flujo, según la fase en la que te encuentres.

Para el flujo menstrual, puedes ceñirte a tu propio criterio según estés manchando, tengas un flujo leve, medio, abundante o muy abundante. Si eres de las que utiliza la copa menstrual, ésta sería una buena ocasión para que pongas tus dotes de científica creativa, curiosa y exploradora en determinar los mililitros de sangre que son expulsados de tu cuerpo cada día. Esto, también te ayudará a darte cuenta si de pronto comienza a surgir alguna anormalidad dentro de tu ciclo, evitar posibles anemias y acudir a tu ginecólog@ o médico de cabecera con mayor información.

Ésta es la guía que yo uso para determinar la cantidad de flujo según los mililitros de sangre presentes en la copa. Recuerda que en mi caso, los miomas de mi útero hacen que yo sangre muy abundantemente, así que ajusta los valores según tu criterio y tu propio ciclo:

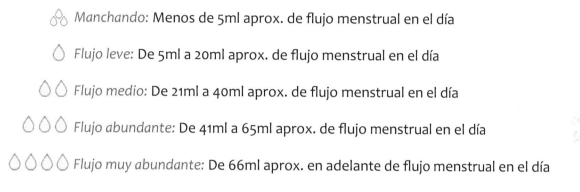

Manchando: Menos de 5ml aprox. de flujo menstrual en el día

Flujo leve: De 5ml a 20ml aprox. de flujo menstrual en el día

Flujo medio: De 21ml a 40ml aprox. de flujo menstrual en el día

Flujo abundante: De 41ml a 65ml aprox. de flujo menstrual en el día

Flujo muy abundante: De 66ml aprox. en adelante de flujo menstrual en el día

Importante: *La cantidad máxima de flujo menstrual total durante todo tu ciclo no debería ser mayor al rango comprendido entre los 50ml y los 100ml. La media de las mujeres en período fértil se ubica en los 80ml de flujo menstrual por ciclo. Si sangras más de 100ml, procura asegurarte de que no haya ningún problema ginecológico con tu útero, acudiendo a tu ginecólog@ o médico de cabecera. Recuerda mantener una alimentación rica en hierro o toma un buen complemento de hierro durante los días de mayor sangrado para prevenir anemias.*

Sexualidad: Desde el deseo sexual a los encuentros íntimos con tu pareja o contigo misma. Decide qué significado van a tener para ti estos iconos. A continuación una guía que puedes emplear:

♡ *Relaciones sexuales:* **Día en que tuviste relaciones sexuales.**

Masturbación: **Día en que te apeteció masturbarte y sentías mucho deseo sexual.**

Masturbación mútua: **Día en que tuviste un encuentro sexual, pero tú y tu pareja sólo os masturbasteis mutuamente y no hubo penetración vaginal con su pene.**

Sueños: Selecciona o colorea el símbolo de la luna 🌙 cuando tengas un sueño y lo recuerdes. En la página posterior a la del registro semanal, tendrás un espacio para escribir los aspectos más relevantes del sueño o lo que te acuerdes de él. Recuerda poner la fecha específica del sueño antes de escribirlo para ubicarlo dentro del diagrama lunar. Es interesante observar si hay alguna relación entre las fechas en que tienes sueños y la fase por la que atraviesas en tu ciclo menstrual. Si el espacio proporcionado es insuficiente, considera tener un cuaderno de notas específico para apuntar tus sueños o descarga una aplicación de diario para el móvil como la *Diario app.*

Otros apuntes (O✓ ✓ ✗): Selecciona o colorea el símbolo del visto bueno o la x cuando realices otros apuntes de ése día específico en la hoja posterior a la del registro semanal. Aquí puedes ser más específica a la hora de describir tu flujo menstrual o el flujo de tus otras fases, describir con mayor exactitud tus emociones y sensaciones físicas del día. También, ideas que se te ocurran, si has notados cambios con respecto al ciclo anterior y cualquier otra cosa que creas relevante para ése día específico. También puedes apuntar las sensaciones, emociones y pensamientos que te produce el colorear el mandala diario de la semana e incluso tus observaciones a lo largo de varios ciclos, en cuanto a si notas algún cambio con respecto a tu potencial creativo. Si el espacio proporcionado es insuficiente, considera tener un cuaderno de notas específico para apuntar tus sueños o descarga una aplicación de diario para el móvil como la *Diario app*.

Hoy soy Mujer:
Emoción predominante:
Mente:
Cuerpo físico:
Deseo del día:
Miedo del día:
Actividad creativa: □ ○ △

Preguntas del día: Aquí deberás detenerte un momento y chequear contigo misma tu estado emocional, físico y mental del día. Es un espacio reducido en donde deberás resumir con frases cortas o palabras concisas tus estados.

1.- *Hoy soy Mujer*: Si tuvieses que ponerte un adjetivo diario o una combinación de ellos sobre el tipo de mujer que eres ese día, ¿cuál sería? **Mujer...**creativa, trabajadora, ansiosa, energética, frustrada, cansada, enfadada, triste, sociable, alegre, centrada, tranquila, impaciente, amorosa, sexy, exuberante, agobiada. ¿Cómo te ves o percibes a ti misma ese día?

2.- *Emoción predominante*: ¿Cuál es la emoción que ha predominado en ti ese día? Tranquilidad, ansiedad (leve, moderada, aguda), tristeza, alegría, irritabilidad, enfado, etc.

3.- *Mente*: ¿Cómo sientes tu capacidad mental en el día? Centrado, en bucle con pensamientos sobre: el trabajo, discusión con alguien; ideas para algún proyecto, disperso, lento, etc.

4.- *Cuerpo físico*: Todo lo relacionado con cómo te sientes físicamente ese día. Cansada, energética, con dolores, ganas de hacer deporte, hinchado, normal, pechos sensibles, vientre inflamado, etc.

5.- *Deseo del día*: Es tu anhelo del día. ¿Qué deseas hoy? ¿Qué quieres de ti, de los demás, del mundo? Ej: Deseo brillar, deseo reconocimiento, deseo mejorar la comunicación con mi pareja, deseo terminar a tiempo un proyecto, deseo ser más creativa, deseo que no me duela tanto el cuerpo, deseo no salir de casa, etc.

6.- *Miedo del día*: ¿Tienes algún miedo el día de hoy? Ej: Miedo a ser invisible para el mundo, miedo a no generar ingresos, miedo a callarte lo que sientes, miedo a no ser creativa, miedo a ser o no ser madre, miedo a no conseguir tu sueño, miedo a tu entorno laboral, miedo a no entenderte, miedo a que los demás no te entiendan, etc.

7.- *Actividad creativa*: Como aspecto añadido, tienes una casilla dedicada a tu *Actividad Creativa* del día. En ella hay cuatro símbolos (un cuadrado, un círculo, un triángulo y un pentágono) a modo de categorizar lo que tú consideras son tus actividades creativas. Por ejemplo, para mí el *cuadrado* simboliza los días en que escribo, el *círculo* los días en que pinto (tanto los mandalas diarios como cualquier otra cosa que no sean los mandalas de la agenda), el *triángulo* es para los días en que me pongo a realizar actividades creativas en el ordenador como diseñar, maquetar, actualizar mi página web, etc., y el *pentágono* es para los días en que me pongo a realizar actividades creativas alternativas como cocinar, diseñar secuencias de baile o arreglar y decorar la casa. **Estos símbolos**

también deberás de colocarlos en el diagrama lunar para darte cuenta de todas las actividades creativas que haces durante el mes.

> Recuerda que todos los datos que apuntes en el *Registro Semanal* te darán un resumen de tu estado mente-cuerpo-emociones del día y de la semana. Si consideras que tienes otras cosas que deseas apuntar, puedes escribirlas en la hoja de *Otros apuntes/Sueños del Ciclo.*

Otros Apuntes y Dibujo/Escritura libre

Otros Apuntes/Sueños del ciclo

Soy consciente de que el espacio para escribir en el registro semanal de esta agenda es limitado y además condicionado a tópicos específicos. Por ello, en la página posterior a cada registro semanal encontrarás una hoja destinada a darte más espacio para hacer anotaciones adicionales o escribas los sueños que has tenido y recordado durante esa semana. Para mí muchas veces este espacio sigue siendo insuficiente y otras veces no lo uso en absoluto.

Decide qué datos te gustaría apuntar en esta hoja. Con el registro del primer ciclo irás teniendo una idea más clara de las cosas que te gusta apuntar. Eso te ayudará a determinar si prefieres usar un diario digital o un cuaderno físico aparte para realizar estos apuntes adicionales o escribir los sueños de tu ciclo. Recuerda colocar la fecha específica de los datos adicionales o sueños para que no te confundas.

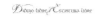

Dibujo libre/Escritura libre

Aquí tendrás una hoja en blanco cada semana para que explores tu creatividad. Puedes experimentar pintar un mandala propio, escribir un poema, pensamientos o frases inspiradas, hacer un dibujo de tu estado emocional o un dibujo de lo que te apetezca. Si hay un día, en una semana en concreto, donde no te apetezca tanto pintar el mandala diario, prueba a utilizar esta hoja para expresar de alguna forma creativa lo que haya en tu interior.

Incluso puedes utilizar este espacio para complementarlo con la hoja de Otros apuntes/ Sueños del ciclo en las semanas que esa hoja te sea insuficiente.

¿Estás lista?
¿Deseosa de conocerte y despertar tu potencial creativo?

A partir de las siguientes páginas comienza el Cuaderno menstrual para la creatividad con mandalas uterinos, en donde encontrarás los lunarios, la tabla de registro global de 13 ciclos, y los 13 diagramas lunares-menstruales agrupados en un solo lugar para que tengas toda la información condensada y resumida de tu trabajo de exploración. Seguidamente, encontrarás los 13 ciclos con sus respectivos mandalas y registros semanales.

Recuerda: Disfruta del viaje y maravíllate de ti !!!

Parte 3

Agenda-Cuaderno Menstrual
para la Creatividad
con Mandalas Uterinos

Lunario 2018~2019

2018	NUEVA	CRECIENTE	LLENA	MENGUANTE
Enero	Miércoles 17	Miércoles 24	Martes 12 Miércoles 12	Lunes 8
Febrero	Jueves 15	Viernes 23		Miércoles 7
Marzo	Sábado 17	Sábado 24	Viernes 2 Sábado 31	Viernes 9
Abril	Lunes 16	Domingo 22	Lunes 30	Domingo 8
Mayo	Martes 15	Martes 22	Martes 29	Martes 8
Junio	Miércoles 13	Miércoles 20	Jueves 28	Miércoles 6
Julio	Viernes 13	Jueves 19	Viernes 27	Viernes 6
Agosto	Sábado 11	Sábado 18	Domingo 26	Sábado 4
Septiembre	Domingo 9	Domingo 16	Lunes 24	Lunes 3
Octubre	Martes 9	Martes 16	Miércoles 24	Martes 2 Miércoles 31
Noviembre	Miércoles 7	Jueves 15	Viernes 23	Viernes 30
Diciembre	Viernes 7	Sábado 15	Sábado 22	Sábado 29

2019	NUEVA	CRECIENTE	LLENA	MENGUANTE
Enero	Domingo 6	Lunes 14	Lunes 21	Domingo 27
Febrero	Lunes 4	Martes 12	Martes 19	Martes 26
Marzo	Miércoles 6	Jueves 14	Jueves 21	Jueves 28
Abril	Viernes 5	Viernes 12	Viernes 19	Viernes 26
Mayo	Sábado 4	Domingo 12	Sábado 18	Domingo 26
Junio	Lunes 3	Lunes 10	Lunes 17	Martes 25
Julio	Martes 2	Martes 9	Martes 16	Jueves 25
Agosto	Jueves 1 Viernes 30	Miércoles 7	Jueves 15	Viernes 23
Septiembre	Sábado 28	Viernes 6	Sábado 14	Domingo 22
Octubre	Lunes 28	Sábado 5	Domingo 13	Lunes 21
Noviembre	Martes 26	Lunes 4	Martes 12	Martes 19
Diciembre	Jueves 26	Miércoles 4	Jueves 12	Jueves 19

Lunario 2020~2021

2020	○ NUEVA	◑ CRECIENTE	● LLENA	◐ MENGUANTE
Enero	Viernes 24	Viernes 3	Viernes 10	Viernes 17
Febrero	Domingo 23	Domingo 2	Domingo 9	Sábado 15
Marzo	Martes 24	Lunes 2	Lunes 9	Lunes 16
Abril	Jueves 23	Miércoles 1 Jueves 30	Miércoles 8	Martes 14
Mayo	Viernes 22	Sábado 30	Jueves 7	Jueves 14
Junio	Domingo 21	Domingo 28	Viernes 5	Sábado 13
Julio	Lunes 20	Lunes 27	Domingo 5	Domingo 12
Agosto	Miércoles 19	Martes 25	Lunes 3	Martes 11
Septiembre	Jueves 17	Jueves 24	Miércoles 2	Jueves 10
Octubre	Viernes 16	Viernes 23	Jueves 1 Sábado 31	Sábado 10
Noviembre	Domingo 15	Domingo 22	Lunes 30	Domingo 8
Diciembre	Lunes 14	Lunes 21	Miércoles 30	Martes 8

2021	○ NUEVA	◑ CRECIENTE	● LLENA	◐ MENGUANTE
Enero	Miércoles 13	Jueves 20	Jueves 28	Miércoles 6
Febrero	Jueves 11	Viernes 19	Sábado 27	Jueves 4
Marzo	Sábado 13	Domingo 21	Domingo 28	Sábado 6
Abril	Lunes 12	Martes 20	Martes 27	Domingo 4
Mayo	Martes 11	Miércoles 19	Miércoles 26	Lunes 3
Junio	Jueves 10	Viernes 18	Jueves 24	Miércoles 2
Julio	Sábado 10	Sábado 17	Domingo 24	Jueves 1 Viernes 31
Agosto	Domingo 8	Domingo 15	Domingo 22	Lunes 30
Septiembre	Martes 7	Lunes 13	Martes 21	Miércoles 29
Octubre	Miércoles 6	Miércoles 13	Miércoles 20	Jueves 28
Noviembre	Jueves 4	Viernes 12	Viernes 19	Sábado 27
Diciembre	Sábado 4	Sábado 11	Domingo 19	Domingo 26

Tabla de registro global ~ Resumen de 13 ciclos

En las siguientes dos tablas podrás apuntar los datos básicos recopilados en cada uno de tus ciclos según los diagramas lunares. De esta manera, tendrás a la mano la información resumida en un solo espacio, por si en algún momento necesitas o te apetece comparar los cambios que han sufrido los treces de tus ciclos que registres en esta agenda, según la luna y las estaciones. También podrás comparar duración completa de los ciclos, duración en días y cantidad de flujo en el sangrado y el día aproximado en que ocurre tu ovulación.

Ciclo No.	Año	Mes	Día	Duración ciclo completo (días)	Duración sangrado (días)	Cantidad aprox. de flujo menstrual (ml)	Día Ovulación (Ciclo total menos 14días)

Ciclo No.	Día/Mes/Año del ciclo	Fase lunar	Fase de cambio según luna (Transición)	Estación

Diagrama Lunar – Ciclo Menstrual

Datos generales del ciclo

Ciclo No.:

Mes:

Día comienzo: | Día fin:

Duración ciclo completo:

⬤ Duración sangrado:

Cantidad total de flujo aprox.:

◯ Día de ovulación:

(Ciclo completo-14= Ovulación)

Leyenda para datos del flujo en diagrama

FM: Flujo Menstrual   MC: Moco cervical

ALE/SPC: Acuoso Líquido Elástico / Seco Pegajoso Cremoso

BT/B: Blanquecino o Transparente / Blanco

A/E: Abundante / Escaso

Fase lunar y Transición

Nueva / Afinidad

Creciente / Trans. Afinidad

Llena / Oposición

Menguante / Trans. Oposición

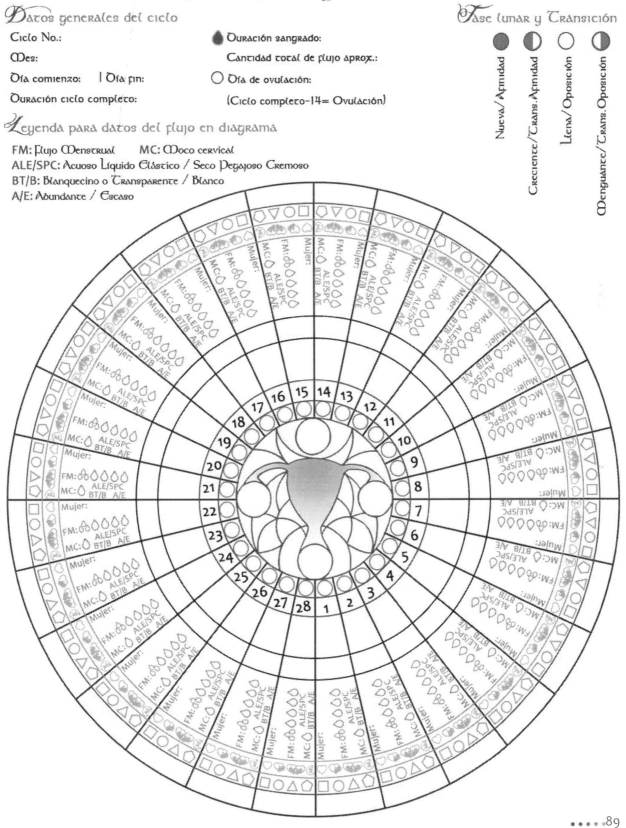

Diagrama Lunar - Ciclo Menstrual

Datos generales del ciclo

Ciclo No.:

Mes:

Día comienzo: | Día fin:

Duración ciclo completo:

Duración sangrado:

Cantidad total de flujo aprox.:

Día de ovulación:

(Ciclo completo-14= Ovulación)

Leyenda para datos del flujo en diagrama

FM: Flujo Menstrual   MC: Moco cervical
ALE/SPC: Acuoso Líquido Elástico / Seco Pegajoso Cremoso
BT/B: Blanquecino o Transparente / Blanco
A/E: Abundante / Escaso

Fase lunar y Transición

Nueva/Afinidad

Creciente/Trans.Afinidad

Llena/Oposición

Menguante/Trans.Oposición

Diagrama Lunar – Ciclo Menstrual

Datos generales del ciclo

Ciclo No.:

Mes:

Día comienzo: | Día fin:

Duración ciclo completo:

🩸 Duración sangrado:

Cantidad total de flujo aprox.:

◯ Día de ovulación:

(Ciclo completo -14 = Ovulación)

Leyenda para datos del flujo en diagrama

FM: Flujo Menstrual   MC: Moco cervical

ALE/SPC: Acuoso Líquido Elástico / Seco Pegajoso Cremoso

BT/B: Blanquecino o Transparente / Blanco

A/E: Abundante / Escaso

Fase lunar y Transición

● Nueva/Afinidad

◐ Creciente/Trans. Afinidad

◯ Llena/Oposición

◐ Menguante/Trans. Oposición

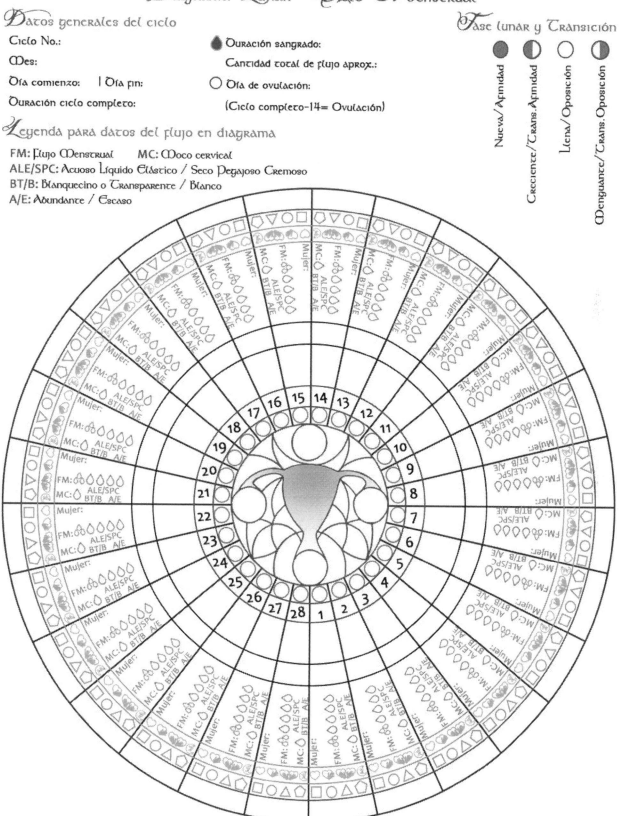

Diagrama Lunar – Ciclo Menstrual

Datos generales del ciclo

Ciclo No.:

Mes:

Día comienzo: | Día fin:

Duración ciclo completo:

🌢 Duración sangrado:

Cantidad total de flujo aprox.:

○ Día de ovulación:

(Ciclo completo-14= Ovulación)

Fase lunar y Transición

Nueva/Afinidad

Creciente/Trans.Afinidad

Llena/Oposición

Menguante/Trans.Oposición

Leyenda para datos del flujo en diagrama

FM: Flujo Menstrual   MC: Moco cervical
ALE/SPC: Acuoso Líquido Elástico / Seco Pegajoso Cremoso
BT/B: Blanquecino o Transparente / Blanco
A/E: Abundante / Escaso

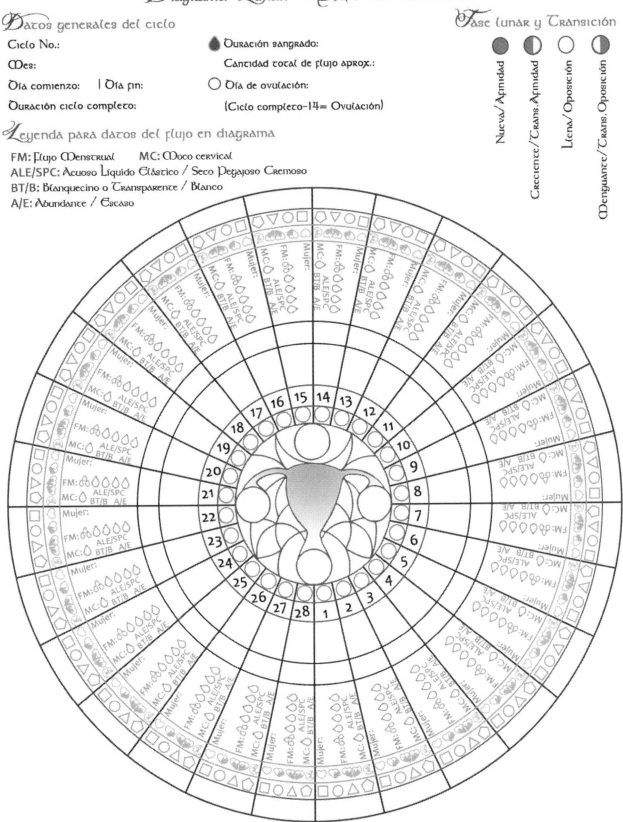

Diagrama Lunar – Ciclo Menstrual

Datos generales del ciclo

Ciclo No.:

Mes:

Día comienzo: | Día fin:

Duración ciclo completo:

Duración sangrado:

Cantidad total de flujo aprox.:

Día de ovulación:

(Ciclo completo-14= Ovulación)

Fase lunar y Transición

Nueva/Afinidad

Creciente/Trans. Afinidad

Llena/Oposición

Menguante/Trans. Oposición

Leyenda para datos del flujo en diagrama

FM: Flujo Menstrual   MC: Moco cervical

ALE/SPC: Acuoso Líquido Elástico / Seco Pegajoso Cremoso

BT/B: Blanquecino o Transparente / Blanco

A/E: Abundante / Escaso

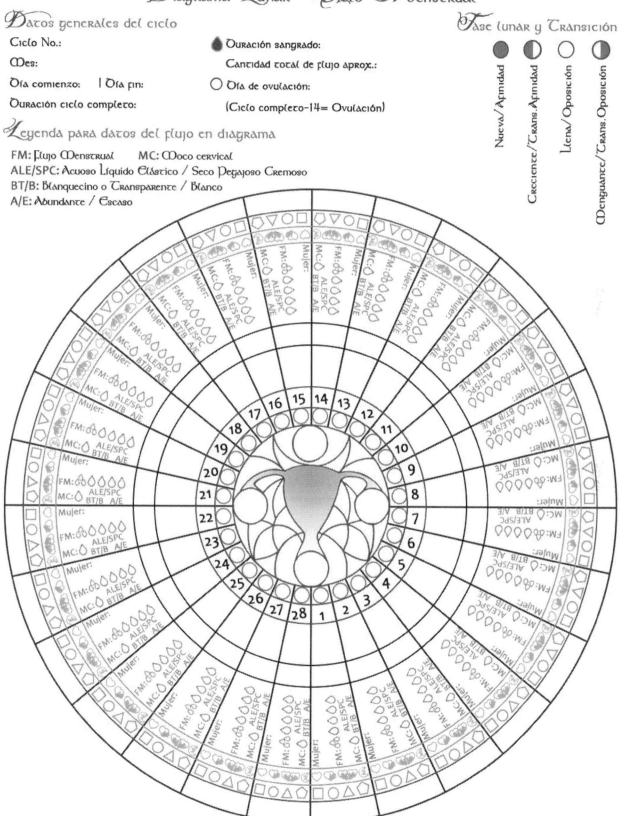

Diagrama Lunar – Ciclo Menstrual

Datos generales del ciclo

Ciclo No.:

Mes:

Día comienzo: | Día fin:

Duración ciclo completo:

Duración sangrado:

Cantidad total de flujo aprox.:

Día de ovulación:

(Ciclo completo-14= Ovulación)

Leyenda para datos del flujo en diagrama

FM: Flujo Menstrual   MC: Moco cervical

ALE/SPC: Acuoso Líquido Elástico / Seco Pegajoso Cremoso

BT/B: Blanquecino o Transparente / Blanco

A/E: Abundante / Escaso

Fase lunar y Transición

Nueva/Afinidad

Creciente/Trans.Afinidad

Llena/Oposición

Menguante/Trans.Oposición

94 • • • •

Diagrama Lunar – Ciclo Menstrual

Datos generales del ciclo

Ciclo No.:

Mes:

Día comienzo: | Día fin:

Duración ciclo completo:

🩸 Duración sangrado:

Cantidad total de flujo aprox.:

○ Día de ovulación:

(Ciclo completo-14= Ovulación)

Leyenda para datos del flujo en diagrama

FM: Flujo Menstrual   MC: Moco cervical

ALE/SPC: Acuoso Líquido Elástico / Seco Pegajoso Cremoso

BT/B: Blanquecino o Transparente / Blanco

A/E: Abundante / Escaso

Diagrama Lunar – Ciclo Menstrual

Datos generales del ciclo

Ciclo No.:

Mes:

Día comienzo: | Día fin:

Duración ciclo completo:

Duración sangrado:

Cantidad total de flujo aprox.:

Día de ovulación:

(Ciclo completo-14= Ovulación)

Leyenda para datos del flujo en diagrama

FM: Flujo Menstrual   MC: Moco cervical
ALE/SPC: Acuoso Líquido Elástico / Seco Pegajoso Cremoso
BT/B: Blanquecino o Transparente / Blanco
A/E: Abundante / Escaso

Fase lunar y Transición

Nueva/Afinidad

Creciente/Trans. Afinidad

Llena/Oposición

Menguante/Trans. Oposición

Diagrama Lunar – Ciclo Menstrual

Datos generales del ciclo

Ciclo No.:

Mes:

Día comienzo: | Día fin:

Duración ciclo completo:

🌢 Duración sangrado:

Cantidad total de flujo aprox.:

○ Día de ovulación:

(Ciclo completo-14= Ovulación)

Leyenda para datos del flujo en diagrama

FM: Flujo Menstrual   MC: Moco cervical

ALE/SPC: Acuoso Líquido Elástico / Seco Pegajoso Cremoso

BT/B: Blanquecino o Transparente / Blanco

A/E: Abundante / Escaso

Fase lunar y Transición

- Nueva/Afinidad
- Creciente/Trans.Afinidad
- Llena/Oposición
- Menguante/Trans.Oposición

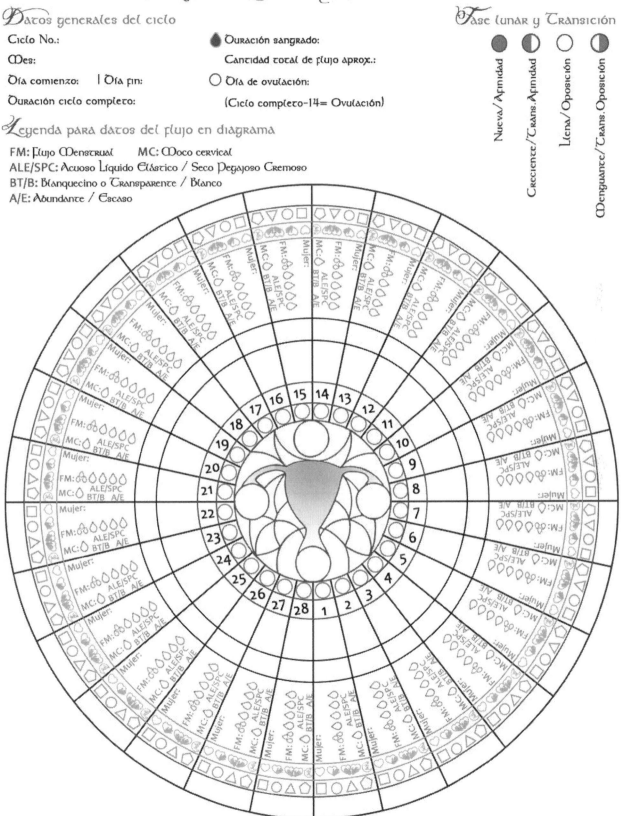

Diagrama Lunar – Ciclo Menstrual

Datos generales del ciclo

Ciclo No.:

Mes:

Día comienzo: | Día fin:

Duración ciclo completo:

🌢 Duración sangrado:

Cantidad total de flujo aprox.:

◯ Día de ovulación:

(Ciclo completo-14= Ovulación)

Fase lunar y Transición

Nueva / Afinidad

Creciente / Trans. Afinidad

Llena / Oposición

Menguante / Trans. Oposición

Leyenda para datos del flujo en diagrama

FM: Flujo Menstrual   MC: Moco cervical

ALE/SPC: Acuoso Líquido Elástico / Seco Pegajoso Cremoso

BT/B: Blanquecino o Transparente / Blanco

A/E: Abundante / Escaso

Diagrama Lunar – Ciclo Menstrual

Datos generales del ciclo

Ciclo No.:

Mes:

Día comienzo: | Día fin:

Duración ciclo completo:

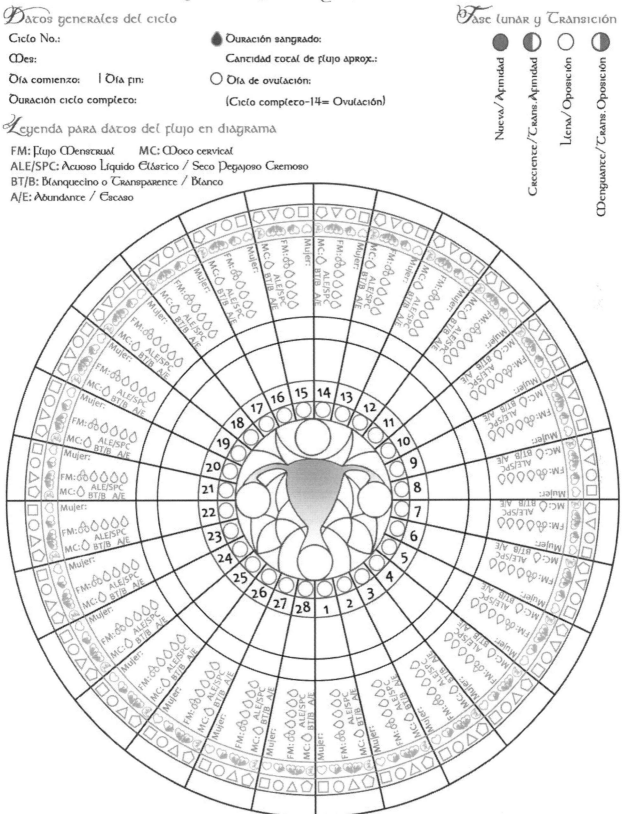 Duración sangrado:

Cantidad total de flujo aprox.:

○ Día de ovulación:

(Ciclo completo-14= Ovulación)

Leyenda para datos del flujo en diagrama

FM: Flujo Menstrual   MC: Moco cervical

ALE/SPC: Acuoso Líquido Elástico / Seco Pegajoso Cremoso

BT/B: Blanquecino o Transparente / Blanco

A/E: Abundante / Escaso

Fase lunar y Transición

Nueva/Afinidad

Creciente/Trans.Afinidad

Llena/Oposición

Menguante/Trans.Oposición

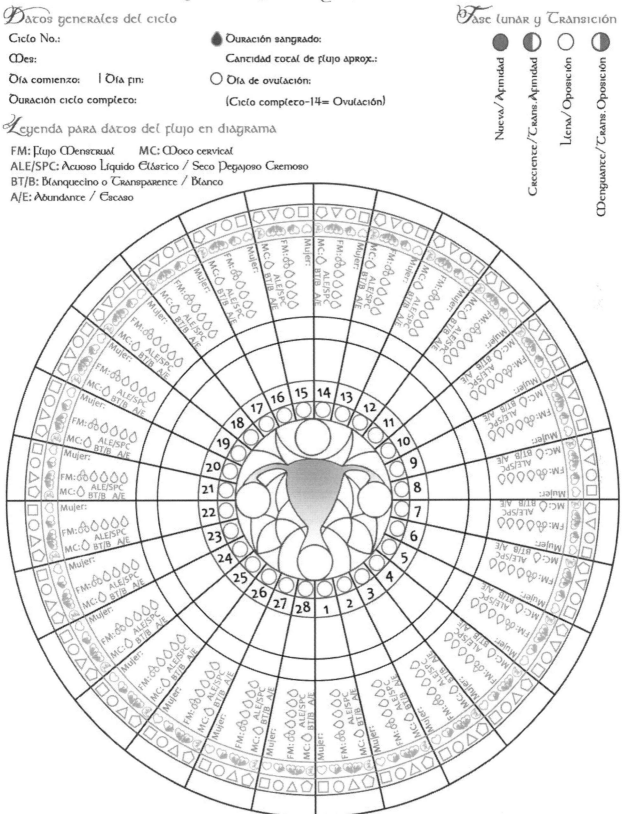

Diagrama Lunar – Ciclo Menstrual

Datos generales del ciclo

Ciclo No.:

Mes:

Día comienzo: | Día fin:

Duración ciclo completo:

🩸 Duración sangrado:

Cantidad total de flujo aprox.:

⚪ Día de ovulación:

(Ciclo completo-14= Ovulación)

Nueva/ Afinidad

Creciente/Trans.Afinidad

Llena/ Oposición

Menguante/Trans. Oposición

Leyenda para datos del flujo en diagrama

FM: Flujo Menstrual   MC: Moco cervical

ALE/SPC: Acuoso Líquido Elástico / Seco Pegajoso Cremoso

BT/B: Blanquecino o Transparente / Blanco

A/E: Abundante / Escaso

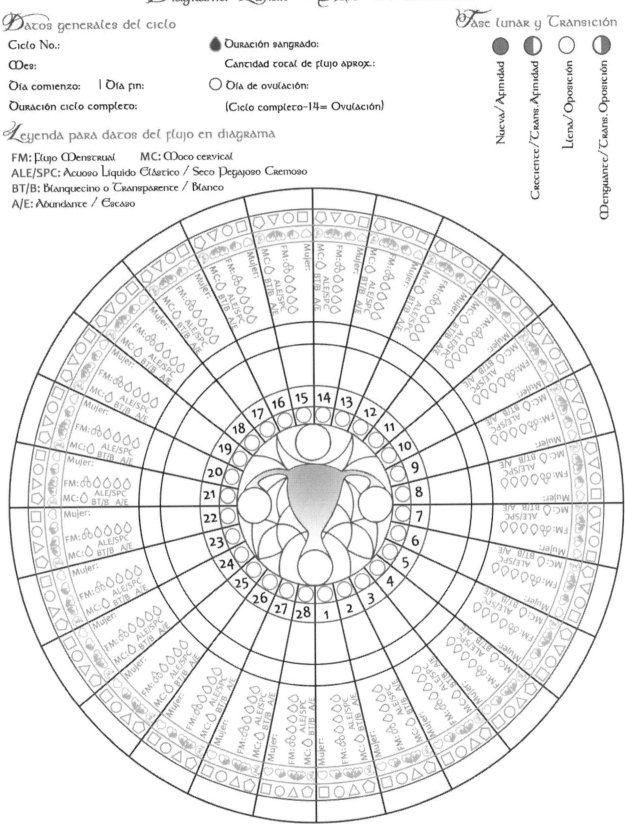

Diagrama Lunar - Ciclo Menstrual

Datos generales del ciclo

Ciclo No.:

Mes:

Día comienzo: | Día fin:

Duración ciclo completo:

🌢 Duración sangrado:

Cantidad total de flujo aprox.:

◯ Día de ovulación:

(Ciclo completo-14= Ovulación)

Fase lunar y Transición

Nueva/ Afinidad

Creciente/ Trans. Afinidad

Llena/ Oposición

Menguante/ Trans. Oposición

Leyenda para datos del flujo en diagrama

FM: Flujo Menstrual   MC: Moco cervical
ALE/SPC: Acuoso Líquido Elástico / Seco Pegajoso Cremoso
BT/B: Blanquecino o Transparente / Blanco
A/E: Abundante / Escaso

Registro de 13 Ciclos

Este es el comienzo de tu viaje.
Aprende de él, disfrútalo y maravíllate de ti misma.

Mientras tu interés se centre en conocerte a ti y descubrir tus maravillosas habilidades creativas en múltiples ámbitos de tu vida, más fácil te será llevar esta agenda. Si no te apetece pintar un día (o varios) no pasa nada. *Uno de los aspectos importantes acerca de la conexión con tu útero es que vayas registrando tu estado diario en el registro semanal.* El colorear un mandala diario lo que hará es ayudarte a despertar la energía creativa que tu útero lleva dentro de ti. Una energía que está a la espera de que la explores y la utilices para que te des cuenta de muchas cosas sobre ti misma que probablemente no tenías ni idea.

Luego de cada ciclo, he colocado contenido adicional que considero útil o interesante. En él, encontrarás observaciones, información y consejos que espero te ayuden en tu propio recorrido. Puedes echarles un vistazo antes de empezar o ir descubriéndolos poco a poco a medida que avances en el registro de tus propios ciclos y coloreado de los mandalas. También, al principio de cada ciclo, tienes un mandala más grande, el cual puedes colorear si te apetece con total libertad.

Buen viaje y felices y creativos ciclos!!!

Ciclo 1

Mandala Semanal

Útero Primigenio

Tu útero fue entregado a ti desde el inicio.
No ha sido un error ni una falta de juicio.
Conectando con tu vientre es como te libras de los prejuicios,
que te han hecho ser extranjera en tu cuerpo, vulnerándolo sin ningún beneficio.

Mes: _____   Fase: Folicular   Folicular   Ovulatoria   Lútea   Ciclo No.
                                 Menstrual Pre-Ovulatoria   Pre-Menstrual

Día del mes / Día del ciclo   Día de la semana: L M X J V S D
                                Fase lunar de la semana: ● ◑ ○ ◐

Hoy soy Mujer:
Emoción predominante:
Mente:
Cuerpo físico:
Deseo del dia:
Miedo del día:
Actividad creativa: □○△⬠

Día del mes / Día del ciclo   Día de la semana: L M X J V S D
                                Fase lunar de la semana: ● ◑ ○ ◐

Hoy soy Mujer:
Emoción predominante:
Mente:
Cuerpo físico:
Deseo del dia:
Miedo del día:
Actividad creativa: □○△⬠

Día del mes / Día del ciclo   Día de la semana: L M X J V S D
                                Fase lunar de la semana: ● ◑ ○ ◐

Hoy soy Mujer:
Emoción predominante:
Mente:
Cuerpo físico:
Deseo del dia:
Miedo del día:
Actividad creativa: □○△⬠

Día del mes / Día del ciclo   Día de la semana: L M X J V S D
                                Fase lunar de la semana: ● ◑ ○ ◐

Hoy soy Mujer:
Emoción predominante:
Mente:
Cuerpo físico:
Deseo del día:
Miedo del día:
Actividad creativa: □○△⬠

Día del mes / Día del ciclo   Día de la semana: L M X J V S D
                                Fase lunar de la semana: ● ◑ ○ ◐

Hoy soy Mujer:
Emoción predominante:
Mente:
Cuerpo físico:
Deseo del dia:
Miedo del día:
Actividad creativa: □○△⬠

Día del mes / Día del ciclo   Día de la semana: L M X J V S D
                                Fase lunar de la semana: ● ◑ ○ ◐

Hoy soy Mujer:
Emoción predominante:
Mente:
Cuerpo físico:
Deseo del día:
Miedo del día:
Actividad creativa: □○△⬠

Día del mes / Día del ciclo   Día de la semana: L M X J V S D | Fase lunar de la semana: ● ◑ ○ ◐

Hoy soy Mujer:
Emoción predominante:
Mente:
Cuerpo físico:
Deseo del dia:
Miedo del día:
Actividad creativa: □○△⬠

Mes:_____

Otros Apuntes / Sueños del Ciclo

Dibujo libre / Escritura libre

Mandala Semanal

Energía Uterina Expansiva

Del silencio entre el tumulto, te escuchas por fin sincera y sin reparo.
Tú eres la semilla, eres el llanto y el canto.
Aquel que el mundo desde hace tiempo espera
para salir de su embrujado encanto.

Mes: _____ Fase: Folicular Folicular Ovulatoria Lútea Ciclo No.
                                 Menstrual Pre-Ovulatoria   Pre-Menstrual

Día del mes / Día del ciclo

Día de la semana: L M X J V S D
Fase lunar de la semana: ● ◐ ○ ◑

Hoy soy Mujer:
Emoción predominante:
Mente:
Cuerpo físico:
Deseo del dia:
Miedo del día:
Actividad creativa: □○△⬠

Día del mes / Día del ciclo

Día de la semana: L M X J V S D
Fase lunar de la semana: ● ◐ ○ ◑

Hoy soy Mujer:
Emoción predominante:
Mente:
Cuerpo físico:
Deseo del dia:
Miedo del día:
Actividad creativa: □○△⬠

Día del mes / Día del ciclo

Día de la semana: L M X J V S D
Fase lunar de la semana: ● ◐ ○ ◑

Hoy soy Mujer:
Emoción predominante:
Mente:
Cuerpo físico:
Deseo del dia:
Miedo del día:
Actividad creativa: □○△⬠

Día del mes / Día del ciclo

Día de la semana: L M X J V S D
Fase lunar de la semana: ● ◐ ○ ◑

Hoy soy Mujer:
Emoción predominante:
Mente:
Cuerpo físico:
Deseo del día:
Miedo del día:
Actividad creativa: □○△⬠

Día del mes / Día del ciclo

Día de la semana: L M X J V S D
Fase lunar de la semana: ● ◐ ○ ◑

Hoy soy Mujer:
Emoción predominante:
Mente:
Cuerpo físico:
Deseo del dia:
Miedo del día:
Actividad creativa: □○△⬠

Día del mes / Día del ciclo

Día de la semana: L M X J V S D
Fase lunar de la semana: ● ◐ ○ ◑

Hoy soy Mujer:
Emoción predominante:
Mente:
Cuerpo físico:
Deseo del día:
Miedo del día:
Actividad creativa: □○△⬠

Día del mes / Día del ciclo

Día de la semana: L M X J V S D | Fase lunar de la semana: ● ◐ ○ ◑

Hoy soy Mujer:
Emoción predominante:
Mente:
Cuerpo físico:
Deseo del dia:
Miedo del día:
Actividad creativa: □○△⬠

Mes:_____

Otros Apuntes / Sueños del Ciclo

Dibujo libre / Escritura libre

Mandala Semanal

Reverberación Uterina

El agua en ti ondula de manera infinita,
haciendo que tus deseos reverberen en una espiral cíclica.
Y tu vientre destella su brillo sobre superficies poco nítidas,
para que así les de el foco de una visión sin juicios ni críticas.

Mes:_____ Fase: Folicular Folicular Ovulatoria Lútea Ciclo No.
Menstrual Pre-Ovulatoria Pre-Menstrual

Día del mes / Día del ciclo
Día de la semana: L M X J V S D
Fase lunar de la semana: ● ◐ ○ ◑

Hoy soy Mujer:
Emoción predominante:
Mente:
Cuerpo físico:
Deseo del dia:
Miedo del día:
Actividad creativa: □○△⬠

Día del mes / Día del ciclo
Día de la semana: L M X J V S D
Fase lunar de la semana: ● ◐ ○ ◑

Hoy soy Mujer:
Emoción predominante:
Mente:
Cuerpo físico:
Deseo del día:
Miedo del día:
Actividad creativa: □○△⬠

Día del mes / Día del ciclo
Día de la semana: L M X J V S D
Fase lunar de la semana: ● ◐ ○ ◑

Hoy soy Mujer:
Emoción predominante:
Mente:
Cuerpo físico:
Deseo del dia:
Miedo del día:
Actividad creativa: □○△⬠

Día del mes / Día del ciclo
Día de la semana: L M X J V S D
Fase lunar de la semana: ● ◐ ○ ◑

Hoy soy Mujer:
Emoción predominante:
Mente:
Cuerpo físico:
Deseo del día:
Miedo del día:
Actividad creativa: □○△⬠

Día del mes / Día del ciclo
Día de la semana: L M X J V S D
Fase lunar de la semana: ● ◐ ○ ◑

Hoy soy Mujer:
Emoción predominante:
Mente:
Cuerpo físico:
Deseo del dia:
Miedo del día:
Actividad creativa: □○△⬠

Día del mes / Día del ciclo
Día de la semana: L M X J V S D
Fase lunar de la semana: ● ◐ ○ ◑

Hoy soy Mujer:
Emoción predominante:
Mente:
Cuerpo físico:
Deseo del día:
Miedo del día:
Actividad creativa: □○△⬠

Día del mes / Día del ciclo
Día de la semana: L M X J V S D
Fase lunar de la semana: ● ◐ ○ ◑

Hoy soy Mujer:
Emoción predominante:
Mente:
Cuerpo físico:
Deseo del día:
Miedo del día:
Actividad creativa: □○△⬠

• • • • • 113

Mes:_____

Otros Apuntes / Sueños del Ciclo

Dibujo libre / Escritura libre

Mandala Semanal

Corazón Guerrero, Corazón Uterino

De las cuevas de tus sueños surge el deseo eterno.
Ves batallas y conquistas que hacen latir a tu pecho.
Y tu vientre se estremece al conectar con tu corazón guerrero,
porque juntos blanden la espada que impulsa a la mujer de fuego que llevas dentro.

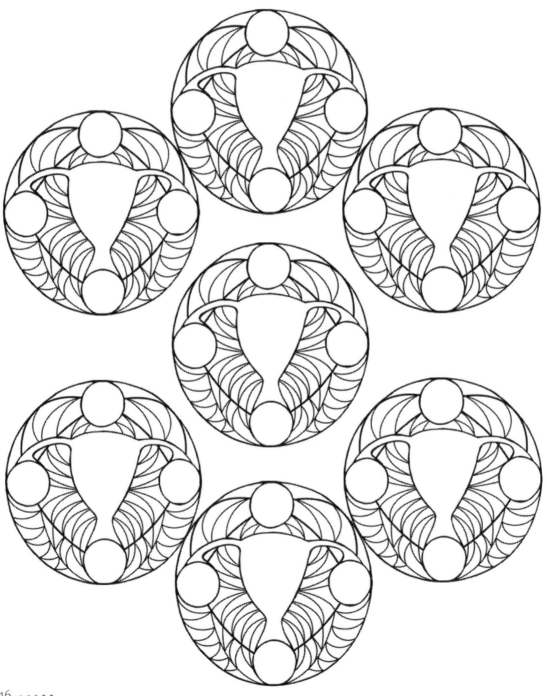

Mes:_____   Fase: Folicular   Folicular   Ovulatoria   Lútea   Ciclo No.
Menstrual   Pre-Ovulatoria   Pre-Menstrual

Día del mes / Día del ciclo   Día de la semana: L M X J V S D
Fase lunar de la semana: ● ◑ ○ ◐

Hoy soy Mujer:
Emoción predominante:
Mente:
Cuerpo físico:
Deseo del día:
Miedo del dia:
Actividad creativa: □○△⬠

Día del mes / Día del ciclo   Día de la semana: L M X J V S D
Fase lunar de la semana: ● ◑ ○ ◐

Hoy soy Mujer:
Emoción predominante:
Mente:
Cuerpo físico:
Deseo del día:
Miedo del día:
Actividad creativa: □○△⬠

Día del mes / Día del ciclo   Día de la semana: L M X J V S D
Fase lunar de la semana: ● ◑ ○ ◐

Hoy soy Mujer:
Emoción predominante:
Mente:
Cuerpo físico:
Deseo del día:
Miedo del día:
Actividad creativa: □○△⬠

Día del mes / Día del ciclo   Día de la semana: L M X J V S D
Fase lunar de la semana: ● ◑ ○ ◐

Hoy soy Mujer:
Emoción predominante:
Mente:
Cuerpo físico:
Deseo del día:
Miedo del día:
Actividad creativa: □○△⬠

Día del mes / Día del ciclo   Día de la semana: L M X J V S D
Fase lunar de la semana: ● ◑ ○ ◐

Hoy soy Mujer:
Emoción predominante:
Mente:
Cuerpo físico:
Deseo del dia:
Miedo del día:
Actividad creativa: □○△⬠

Día del mes / Día del ciclo   Día de la semana: L M X J V S D
Fase lunar de la semana: ● ◑ ○ ◐

Hoy soy Mujer:
Emoción predominante:
Mente:
Cuerpo físico:
Deseo del día:
Miedo del día:
Actividad creativa: □○△⬠

Día del mes / Día del ciclo   Día de la semana: L M X J V S D   Fase lunar de la semana: ● ◑ ○ ◐

Hoy soy Mujer:
Emoción predominante:
Mente:
Cuerpo físico:
Deseo del día:
Miedo del día:
Actividad creativa: □○△⬠

Mes:_____

Otros Apuntes / Sueños del Ciclo

Dibujo libre / Escritura libre

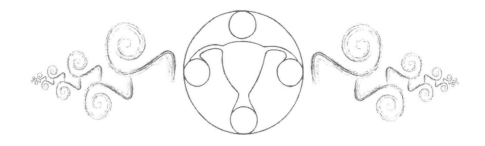

Tu Inconsciente es Sabio

*P*uede que las imágenes que pintes dentro del útero del mandala, y las demás formas que conforman cada diseño, no tengan mucho sentido para tu parte consciente. Pero *tus emociones y tu mente inconsciente necesitan dibujar y pintar ciertas formas y con ciertos colores para poder poner orden en el caos y sanar.* Así no sepas qué es lo que tu yo interior está intentando sanar, equilibrar o decirte a través de las imágenes, habrá siempre una parte de ti que sí estará recibiendo el mensaje y lo estará procesando, poniéndolo en el sitio que le corresponde dentro del rompecabezas que conforma tu psique y tu mundo interior.

Todo lo que pintes eres tú. Es tu esencia mostrándote las diferentes facetas que te conforman como mujer. Eres hermosa y talentosa, tanto si utilizas colores oscuros como si utilizas colores más claros o pastel. No hay correcto o incorrecto a la hora de colorear un mandala. Cada mandala presente en esta agenda (o que pintes tú desde cero por tu cuenta), te abre una ventana hacia ti misma en ese día particular en que lo realices. Mientras más pintes o escribas, más potencial lograrás despertar y descubrir. Tu inconsciente es sabio, y si estás abierta y le das una oportunidad a comunicarse contigo, más cosas aprenderás y comprenderás sobre ti a lo largo de tu encuentro con tu útero y sus ciclos.

Ciclo 2

Mandala Semanal

Capullo Uterino

Una parte de ti muere.
Necesitas transformarte.
Porque en tu propia alquimia está la clave
para transmutar lo que realmente eres en algo brillante.

Mes:_____   Fase: Folicular   Folicular   Ovulatoria   Lútea   Ciclo No.
                                        Menstrual   Pre-Ovulatoria   Pre-Menstrual

Día del mes / Día del ciclo   Día de la semana: L M X J V S D
                                  Fase lunar de la semana: ● ◑ ○ ◐

Hoy soy Mujer:
Emoción predominante:
Mente:
Cuerpo físico:
Deseo del día:
Miedo del día:
Actividad creativa: □ ○ △ ⬠

Día del mes / Día del ciclo   Día de la semana: L M X J V S D
                                  Fase lunar de la semana: ● ◑ ○ ◐

Hoy soy Mujer:
Emoción predominante:
Mente:
Cuerpo físico:
Deseo del día:
Miedo del día:
Actividad creativa: □ ○ △ ⬠

Día del mes / Día del ciclo   Día de la semana: L M X J V S D
                                  Fase lunar de la semana: ● ◑ ○ ◐

Hoy soy Mujer:
Emoción predominante:
Mente:
Cuerpo físico:
Deseo del día:
Miedo del día:
Actividad creativa: □ ○ △ ⬠

Día del mes / Día del ciclo   Día de la semana: L M X J V S D
                                  Fase lunar de la semana: ● ◑ ○ ◐

Hoy soy Mujer:
Emoción predominante:
Mente:
Cuerpo físico:
Deseo del día:
Miedo del día:
Actividad creativa: □ ○ △ ⬠

Día del mes / Día del ciclo   Día de la semana: L M X J V S D
                                  Fase lunar de la semana: ● ◑ ○ ◐

Hoy soy Mujer:
Emoción predominante:
Mente:
Cuerpo físico:
Deseo del día:
Miedo del día:
Actividad creativa: □ ○ △ ⬠

Día del mes / Día del ciclo   Día de la semana: L M X J V S D
                                  Fase lunar de la semana: ● ◑ ○ ◐

Hoy soy Mujer:
Emoción predominante:
Mente:
Cuerpo físico:
Deseo del día:
Miedo del día:
Actividad creativa: □ ○ △ ⬠

Día del mes / Día del ciclo   Día de la semana: L M X J V S D | Fase lunar de la semana: ● ◑ ○ ◐

Hoy soy Mujer:
Emoción predominante:
Mente:
Cuerpo físico:
Deseo del día:
Miedo del día:
Actividad creativa: □ ○ △ ⬠

Mes:_____

Otros Apuntes / Sueños del Ciclo

Dibujo libre / Escritura libre

Mandala Semanal

Nido Uterino de Sueños

En tu capullo te refugias.
Tu transformación a la espera.
Porque tu ser se alimenta de los sueños
que tu vientre teje minuciosamente en su basta esfera.

Mes: _____   Fase: Folicular   Folicular   Ovulatoria   Lútea   Ciclo No.
                                             Menstrual   Pre-Ovulatoria   Pre-Menstrual

Día del mes / Día del ciclo   Día de la semana: L M X J V S D
                                   Fase lunar de la semana: ● ◑ ○ ◐

Hoy soy Mujer:
Emoción predominante:
Mente:
Cuerpo físico:
Deseo del dia:
Miedo del día:
Actividad creativa: □ ○ △ ⬠

Día del mes / Día del ciclo   Día de la semana: L M X J V S D
                                   Fase lunar de la semana: ● ◑ ○ ◐

Hoy soy Mujer:
Emoción predominante:
Mente:
Cuerpo físico:
Deseo del día:
Miedo del día:
Actividad creativa: □ ○ △ ⬠

Día del mes / Día del ciclo   Día de la semana: L M X J V S D
                                   Fase lunar de la semana: ● ◑ ○ ◐

Hoy soy Mujer:
Emoción predominante:
Mente:
Cuerpo físico:
Deseo del día:
Miedo del día:
Actividad creativa: □ ○ △ ⬠

Día del mes / Día del ciclo   Día de la semana: L M X J V S D
                                   Fase lunar de la semana: ● ◐ ○ ◐

Hoy soy Mujer:
Emoción predominante:
Mente:
Cuerpo físico:
Deseo del día:
Miedo del día:
Actividad creativa: □ ○ △ ⬠

Día del mes / Día del ciclo   Día de la semana: L M X J V S D
                                   Fase lunar de la semana: ● ◑ ○ ◐

Hoy soy Mujer:
Emoción predominante:
Mente:
Cuerpo físico:
Deseo del día:
Miedo del día:
Actividad creativa: □ ○ △ ⬠

Día del mes / Día del ciclo   Día de la semana: L M X J V S D
                                   Fase lunar de la semana: ● ◐ ○ ◐

Hoy soy Mujer:
Emoción predominante:
Mente:
Cuerpo físico:
Deseo del día:
Miedo del día:
Actividad creativa: □ ○ △ ⬠

Día del mes / Día del ciclo   Día de la semana: L M X J V S D | Fase lunar de la semana: ● ◐ ○ ◐

Hoy soy Mujer:
Emoción predominante:
Mente:
Cuerpo físico:
Deseo del día:
Miedo del día:
Actividad creativa: □ ○ △ ⬠

Mes:_____

Otros Apuntes / Sueños del Ciclo

Dibujo libre / Escritura libre

Mandala Semanal

Águila de Fuego, Águila Uterina

De mitos y leyendas se alimenta tu dolor,
desangrando tus alas en un ritual cíclico de tortura, desprecio y terror.
Y sólo cuando conviertas tu sangre en fuego, conectando a tu vientre con tu corazón,
es que tu águila sagrada te enseñará al ser creativo que reprimes en tu interior.

Mes:_____ Fase: Folicular Folicular Ovulatoria Lútea Ciclo No.
                              Menstrual Pre-Ovulatoria   Pre-Menstrual

Día del mes / Día del ciclo   Día de la semana: L M X J V S D
                               Fase lunar de la semana: ● ◑ ○ ◐

Hoy soy Mujer:
Emoción predominante:
Mente:
Cuerpo físico:
Deseo del dia:
Miedo del día:
Actividad creativa: □ ○ △ ⬠

Día del mes / Día del ciclo   Día de la semana: L M X J V S D
                               Fase lunar de la semana: ● ◑ ○ ◐

Hoy soy Mujer:
Emoción predominante:
Mente:
Cuerpo físico:
Deseo del dia:
Miedo del día:
Actividad creativa: □ ○ △ ⬠

Día del mes / Día del ciclo   Día de la semana: L M X J V S D
                               Fase lunar de la semana: ● ◑ ○ ◐

Hoy soy Mujer:
Emoción predominante:
Mente:
Cuerpo físico:
Deseo del dia:
Miedo del día:
Actividad creativa: □ ○ △ ⬠

Día del mes / Día del ciclo   Día de la semana: L M X J V S D
                               Fase lunar de la semana: ● ◑ ○ ◐

Hoy soy Mujer:
Emoción predominante:
Mente:
Cuerpo físico:
Deseo del día:
Miedo del día:
Actividad creativa: □ ○ △ ⬠

Día del mes / Día del ciclo   Día de la semana: L M X J V S D
                               Fase lunar de la semana: ● ◑ ○ ◐

Hoy soy Mujer:
Emoción predominante:
Mente:
Cuerpo físico:
Deseo del día:
Miedo del día:
Actividad creativa: □ ○ △ ⬠

Día del mes / Día del ciclo   Día de la semana: L M X J V S D
                               Fase lunar de la semana: ● ◑ ○ ◐

Hoy soy Mujer:
Emoción predominante:
Mente:
Cuerpo físico:
Deseo del día:
Miedo del día:
Actividad creativa: □ ○ △ ⬠

Día del mes / Día del ciclo   Día de la semana: L M X J V S D   Fase lunar de la semana: ● ◑ ○ ◐

Hoy soy Mujer:
Emoción predominante:
Mente:
Cuerpo físico:
Deseo del día:
Miedo del día:
Actividad creativa: □ ○ △ ⬠

Mes:_____

Otros Apuntes / Sueños del Ciclo

Dibujo libre / Escritura libre

Mandala Semanal
Mariposa Uterina

De tu interior nacen las alas de una criatura dulce y delicada.
Mucho coraje te ha tomado la transformación de tu coraza.
Y le agradeces a tu cuerpo su fuerza para materializar los sueños de tu alma,
porque ahora puedes mirar al cielo con el corazón lleno de esperanza.

Mes: _____

Fase: Folicular Menstrual · Folicular Pre-Ovulatoria · Ovulatoria · Lútea Pre-Menstrual

Ciclo No.

Día del mes / Día del ciclo

Día de la semana: L M X J V S D
Fase lunar de la semana: ● ◐ ○ ◑

Hoy soy Mujer:
Emoción predominante:
Mente:
Cuerpo físico:
Deseo del dia:
Miedo del día:
Actividad creativa: □ ○ △ ⬠

Día del mes / Día del ciclo

Día de la semana: L M X J V S D
Fase lunar de la semana: ● ◐ ○ ◑

Hoy soy Mujer:
Emoción predominante:
Mente:
Cuerpo físico:
Deseo del día:
Miedo del día:
Actividad creativa: □ ○ △ ⬠

Día del mes / Día del ciclo

Día de la semana: L M X J V S D
Fase lunar de la semana: ● ◐ ○ ◑

Hoy soy Mujer:
Emoción predominante:
Mente:
Cuerpo físico:
Deseo del dia:
Miedo del día:
Actividad creativa: □ ○ △ ⬠

Día del mes / Día del ciclo

Día de la semana: L M X J V S D
Fase lunar de la semana: ● ◐ ○ ◑

Hoy soy Mujer:
Emoción predominante:
Mente:
Cuerpo físico:
Deseo del día:
Miedo del día:
Actividad creativa: □ ○ △ ⬠

Día del mes / Día del ciclo

Día de la semana: L M X J V S D
Fase lunar de la semana: ● ◐ ○ ◑

Hoy soy Mujer:
Emoción predominante:
Mente:
Cuerpo físico:
Deseo del dia:
Miedo del día:
Actividad creativa: □ ○ △ ⬠

Día del mes / Día del ciclo

Día de la semana: L M X J V S D
Fase lunar de la semana: ● ◐ ○ ◑

Hoy soy Mujer:
Emoción predominante:
Mente:
Cuerpo físico:
Deseo del día:
Miedo del día:
Actividad creativa: □ ○ △ ⬠

Día del mes / Día del ciclo

Día de la semana: L M X J V S D | Fase lunar de la semana: ● ◐ ○ ◑

Hoy soy Mujer:
Emoción predominante:
Mente:
Cuerpo físico:
Deseo del día:
Miedo del día:
Actividad creativa: □ ○ △ ⬠

Mes:_____

Otros Apuntes / Sueños del Ciclo

Dibujo libre / Escritura libre

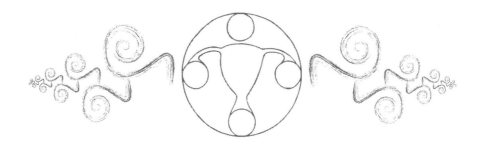

El Agua como elemento de lo Femenino

El agua son tus emociones, tus deseos y anhelos más profundos. Es el elemento que te conecta con los mensajes de tu inconsciente, tu intuición y tu sensibilidad psíquica. Dentro de los elementos alquímicos, es el que representa la esencia de la energía femenina junto con el elemento tierra.

Utiliza tus emociones para conectar con tu energía femenina y creativa. Tus emociones del momento son la clave para despertar tu potencial creativo. Debes permitirte explorar cada una de tus emociones a través del dibujo de mandalas. Cada emoción, al ser expresada, se transforma en una nueva energía, permitiendo que se generen nuevos ciclos de emoción en vez de quedarnos atascadas en uno solo.

Al darle a tus emociones una voz a través del uso de colores, permites que se genere un estado de fuidez, tranquilidad y re-orden dentro de tu ser. Se convierte en un proceso con un poder transformador increíble, el cual te invito a que experimentes de la mano de tu ciclo menstrual. *Tu sangre es agua.* Por tanto, tu ciclo de mujer es una expresión de emoción profunda que pide ser integrada como parte intrínseca de quien realmente eres.

Ciclo 3

Mandala Semanal

Aguas Uterinas

En las aguas de tu vientre se mueve una marea.
Sumisa o implacable, según las emociones del día sean.
Siente su vaivén e interpreta sus tiempos,
porque ella es la que cuida de los dones que se encuentran en tu mar adentro.

Mes: _____ Fase: Folicular Menstrual | Folicular Pre-Ovulatoria | Ovulatoria | Lútea Pre-Menstrual | Ciclo No.

Día del mes / Día del ciclo

Día de la semana: L M X J V S D
Fase lunar de la semana: ● ◑ ○ ◐

Hoy soy Mujer:
Emoción predominante:
Mente:
Cuerpo físico:
Deseo del día:
Miedo del día:
Actividad creativa: □○△⬠

Día del mes / Día del ciclo

Día de la semana: L M X J V S D
Fase lunar de la semana: ● ◑ ○ ◐

Hoy soy Mujer:
Emoción predominante:
Mente:
Cuerpo físico:
Deseo del día:
Miedo del día:
Actividad creativa: □○△⬠

Día del mes / Día del ciclo

Día de la semana: L M X J V S D
Fase lunar de la semana: ● ◑ ○ ◐

Hoy soy Mujer:
Emoción predominante:
Mente:
Cuerpo físico:
Deseo del día:
Miedo del día:
Actividad creativa: □○△⬠

Día del mes / Día del ciclo

Día de la semana: L M X J V S D
Fase lunar de la semana: ● ◑ ○ ◐

Hoy soy Mujer:
Emoción predominante:
Mente:
Cuerpo físico:
Deseo del día:
Miedo del día:
Actividad creativa: □○△⬠

Día del mes / Día del ciclo

Día de la semana: L M X J V S D
Fase lunar de la semana: ● ◑ ○ ◐

Hoy soy Mujer:
Emoción predominante:
Mente:
Cuerpo físico:
Deseo del día:
Miedo del día:
Actividad creativa: □○△⬠

Día del mes / Día del ciclo

Día de la semana: L M X J V S D
Fase lunar de la semana: ● ◑ ○ ◐

Hoy soy Mujer:
Emoción predominante:
Mente:
Cuerpo físico:
Deseo del día:
Miedo del día:
Actividad creativa: □○△⬠

Día del mes / Día del ciclo

Día de la semana: L M X J V S D | Fase lunar de la semana: ● ◑ ○ ◐

Hoy soy Mujer:
Emoción predominante:
Mente:
Cuerpo físico:
Deseo del día:
Miedo del día:
Actividad creativa: □○△⬠

Mes:_____

Otros Apuntes / Sueños del Ciclo

Dibujo libre / Escritura libre

Mandala Semanal

Coletazo Uterino

Con escamas marinas recubres tu piel sin cesar,
para navegar en tus emociones cual submarino en el fondo del mar.
Y das coletazos uterinos, moviendo el agua sin vacilar,
para ponerte en alerta y así impedir a tus sueños naufragar.

Mes: _____ Fase: Folicular Folicular Ovulatoria Lútea Ciclo No.
                                     Menstrual Pre-Ovulatoria   Pre-Menstrual

Día del mes / Día del ciclo
Día de la semana: L M X J V S D
Fase lunar de la semana: ● ◑ ○ ◐

Hoy soy Mujer:
Emoción predominante:
Mente:
Cuerpo físico:
Deseo del dia:
Miedo del día:
Actividad creativa: □○△⬠

Día del mes / Día del ciclo
Día de la semana: L M X J V S D
Fase lunar de la semana: ● ◑ ○ ◐

Hoy soy Mujer:
Emoción predominante:
Mente:
Cuerpo físico:
Deseo del día:
Miedo del día:
Actividad creativa: □○△⬠

Día del mes / Día del ciclo
Día de la semana: L M X J V S D
Fase lunar de la semana: ● ◑ ○ ◐

Hoy soy Mujer:
Emoción predominante:
Mente:
Cuerpo físico:
Deseo del día:
Miedo del día:
Actividad creativa: □○△⬠

Día del mes / Día del ciclo
Día de la semana: L M X J V S D
Fase lunar de la semana: ● ◑ ○ ◐

Hoy soy Mujer:
Emoción predominante:
Mente:
Cuerpo físico:
Deseo del día:
Miedo del día:
Actividad creativa: □○△⬠

Día del mes / Día del ciclo
Día de la semana: L M X J V S D
Fase lunar de la semana: ● ◑ ○ ◐

Hoy soy Mujer:
Emoción predominante:
Mente:
Cuerpo físico:
Deseo del dia:
Miedo del día:
Actividad creativa: □○△⬠

Día del mes / Día del ciclo
Día de la semana: L M X J V S D
Fase lunar de la semana: ● ◑ ○ ◐

Hoy soy Mujer:
Emoción predominante:
Mente:
Cuerpo físico:
Deseo del día:
Miedo del día:
Actividad creativa: □○△⬠

Día del mes / Día del ciclo
Día de la semana: L M X J V S D | Fase lunar de la semana: ● ◑ ○ ◐

Hoy soy Mujer:
Emoción predominante:
Mente:
Cuerpo físico:
Deseo del día:
Miedo del día:
Actividad creativa: □○△⬠

Mes:_____

Otros Apuntes / Sueños del Ciclo

Dibujo libre / Escritura libre

Mandala Semanal

Langosta Uterina

Conectada con la luna, protegida por su manto.
Entre las aguas de las emociones te mueves, evitando vulnerar tu ternura y tu encanto.
Y elevas tus tenazas, buscando el camino de lo sagrado,
sabiendo que tu inconsciente es la puerta de tu espíritu creativo encarnado.

Mes:_____   Fase: Folicular   Folicular   Ovulatoria   Lútea   Ciclo No.
                                 Menstrual   Pre-Ovulatoria   Pre-Menstrual

Día del mes / Día del ciclo   Día de la semana: L M X J V S D
                               Fase lunar de la semana: ● ◑ ○ ◐

Hoy soy Mujer:
Emoción predominante:
Mente:
Cuerpo físico:
Deseo del día:
Miedo del día:
Actividad creativa: □○△⬠

Día del mes / Día del ciclo   Día de la semana: L M X J V S D
                               Fase lunar de la semana: ● ◑ ○ ◐

Hoy soy Mujer:
Emoción predominante:
Mente:
Cuerpo físico:
Deseo del día:
Miedo del día:
Actividad creativa: □○△⬠

Día del mes / Día del ciclo   Día de la semana: L M X J V S D
                               Fase lunar de la semana: ● ◑ ○ ◐

Hoy soy Mujer:
Emoción predominante:
Mente:
Cuerpo físico:
Deseo del día:
Miedo del día:
Actividad creativa: □○△⬠

Día del mes / Día del ciclo   Día de la semana: L M X J V S D
                               Fase lunar de la semana: ● ◑ ○ ◐

Hoy soy Mujer:
Emoción predominante:
Mente:
Cuerpo físico:
Deseo del dia:
Miedo del día:
Actividad creativa: □○△⬠

Día del mes / Día del ciclo   Día de la semana: L M X J V S D
                               Fase lunar de la semana: ● ◑ ○ ◐

Hoy soy Mujer:
Emoción predominante:
Mente:
Cuerpo físico:
Deseo del día:
Miedo del día:
Actividad creativa: □○△⬠

Día del mes / Día del ciclo   Día de la semana: L M X J V S D   Fase lunar de la semana: ● ◑ ○ ◐

Hoy soy Mujer:
Emoción predominante:
Mente:
Cuerpo físico:
Deseo del día:
Miedo del día:
Actividad creativa: □○△⬠

Mes: _____

Otros Apuntes / Sueños del Ciclo

Dibujo libre / Escritura libre

Mandala Semanal

Centrifugado Uterino

Dando vueltas es que regresas a tu centro.
Rápida. Furiosa. Necesitas vaciar los excesos.
Giras maravillada en un éxtasis excelso,
porque tu esencia de mujer renace cuando liberas tu luz y tu sombra sin miramientos.

Mes: _____ Fase: Folicular Folicular Ovulatoria Lútea Ciclo No.
Menstrual Pre-Ovulatoria Pre-Menstrual

Día del mes / Día del ciclo

Día de la semana: L M X J V S D
Fase lunar de la semana: ● ◑ ○ ◐

Hoy soy Mujer:
Emoción predominante:
Mente:
Cuerpo físico:
Deseo del dia:
Miedo del día:
Actividad creativa: □○△⬠

Día del mes / Día del ciclo

Día de la semana: L M X J V S D
Fase lunar de la semana: ● ◑ ○ ◐

Hoy soy Mujer:
Emoción predominante:
Mente:
Cuerpo físico:
Deseo del día:
Miedo del día:
Actividad creativa: □○△⬠

Día del mes / Día del ciclo

Día de la semana: L M X J V S D
Fase lunar de la semana: ● ◑ ○ ◐

Hoy soy Mujer:
Emoción predominante:
Mente:
Cuerpo físico:
Deseo del día:
Miedo del día:
Actividad creativa: □○△⬠

Día del mes / Día del ciclo

Día de la semana: L M X J V S D
Fase lunar de la semana: ● ◑ ○ ◐

Hoy soy Mujer:
Emoción predominante:
Mente:
Cuerpo físico:
Deseo del día:
Miedo del día:
Actividad creativa: □○△⬠

Día del mes / Día del ciclo

Día de la semana: L M X J V S D
Fase lunar de la semana: ● ◑ ○ ◐

Hoy soy Mujer:
Emoción predominante:
Mente:
Cuerpo físico:
Deseo del dia:
Miedo del día:
Actividad creativa: □○△⬠

Día del mes / Día del ciclo

Día de la semana: L M X J V S D
Fase lunar de la semana: ● ◑ ○ ◐

Hoy soy Mujer:
Emoción predominante:
Mente:
Cuerpo físico:
Deseo del día:
Miedo del día:
Actividad creativa: □○△⬠

Día del mes / Día del ciclo

Día de la semana: L M X J V S D | Fase lunar de la semana: ● ◑ ○ ◐

Hoy soy Mujer:
Emoción predominante:
Mente:
Cuerpo físico:
Deseo del día:
Miedo del día:
Actividad creativa: □○△⬠

Mes:_____

Otros Apuntes / Sueños del Ciclo

Dibujo libre / Escritura libre

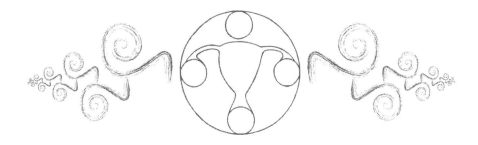

El Vacío como punto de Creación

Vaciarnos para crear. Nuestro cuerpo, nuestra mente y nuestras emociones viven cargadas de información. Llega un punto en que nos saturamos y por uno u otro lado, aquello que pensamos mentalmente, y sentimos física y emocionalmente, necesita salir de nuestro ser. Muchas veces, retenemos experiencias pasadas, que revivimos una y otra vez sin darnos cuenta (o quizás sí nos demos cuenta), sin entender muy bien el porqué. Si las guardamos, si no las sacamos a la luz, mantienen un bucle repetitivo que nos lleva a los mismos pensamientos, las mismas acciones, y en consecuencia a las mismas emociones. *Necesitamos vaciarnos para poder fluir, para poder ser.*

En un espacio abarrotado es muy difícil colocar más cosas. Imaginemos un trastero o una habitación destinada sólo para guardar cosas. Al principio, tiene espacio y lo vamos llenando con aquello que nos estorba en nuestro cotidiano, pero igualmente lo guardamos por diferentes razones-excusas. Llega un punto en que acumulamos tantas cosas, que por más bien organizado que esté nuestro trastero/habitación, se hace casi imposible poner un alfiler más en él. Necesitamos hacer limpieza, tirar todo aquello que de verdad ya no nos sirve y reevaluar la importancia de aquellas cosas que sí queremos mantener. Sin este acto de consciencia, muy difícilmente podremos crear un pequeño espacio de vacío para llenarlo con cosas nuevas para guardar. *Si no dejamos ir, si no dejamos salir, si no dejamos de reprimir todo lo que tenemos dentro, muy difícilmente vamos a ser capaces de cambiar nuestro estado psíquico, anímico y físico.*

Para crear desde el vacío es necesario no pensar. Un lienzo en blanco o un mandala con una figura básica en su interior, nos brinda la posibilidad de soltar todas aquellas cosas que tenemos guardadas en nuestro ser, a través de las formas y colores que se nos ocurran en ese momento. No pienses, sólo ve pintando y rellenando el espacio con lo que te salga. Utiliza tus impulsos, tu intuición y tus emociones para plasmarlos en el mandala. No te obsesiones con una idea preestablecida que te haya podido surgir al principio. Cuando trabajas con tus impulsos del momento, debes dejarte llevar. Sólo así podrás crear sin límites, sólo así le permitirás a tu inconsciente hacer espacio en tu interior para que la energía fluya mejor en ti, creando a su vez una obra de arte con aquello que estás soltando y dejando ir.

Ciclo 4

Mandala Semanal

Desde el Vacío

Despojándote de todo.
Desnuda y en pie frente al vacío.
Abres tus semillas con aplomo,
esparciendo tu alma al mundo en un suspiro.

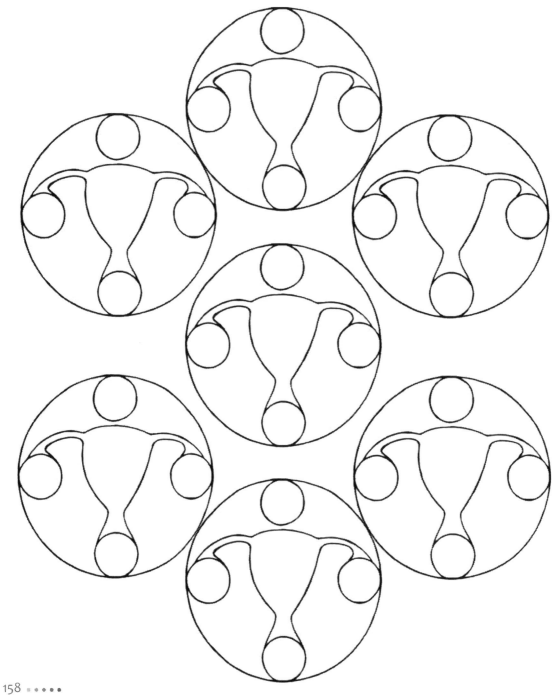

Mes:_____ Fase: Folicular Folicular Ovulatoria Lútea Ciclo No.
Menstrual Pre-Ovulatoria Pre-Menstrual

Día del mes / Día del ciclo Día de la semana: **L M X J V S D**
Fase lunar de la semana: ● ◑ ○ ◐

Hoy soy Mujer:
Emoción predominante:
Mente:
Cuerpo físico:
Deseo del día:
Miedo del día:
Actividad creativa: □ ○ △ ⬠

Día del mes / Día del ciclo Día de la semana: **L M X J V S D**
Fase lunar de la semana: ● ◑ ○ ◐

Hoy soy Mujer:
Emoción predominante:
Mente:
Cuerpo físico:
Deseo del día:
Miedo del día:
Actividad creativa: □ ○ △ ⬠

Día del mes / Día del ciclo Día de la semana: **L M X J V S D**
Fase lunar de la semana: ● ◑ ○ ◐

Hoy soy Mujer:
Emoción predominante:
Mente:
Cuerpo físico:
Deseo del día:
Miedo del día:
Actividad creativa: □ ○ △ ⬠

Día del mes / Día del ciclo Día de la semana: **L M X J V S D**
Fase lunar de la semana: ● ◑ ○ ◐

Hoy soy Mujer:
Emoción predominante:
Mente:
Cuerpo físico:
Deseo del día:
Miedo del día:
Actividad creativa: □ ○ △ ⬠

Día del mes / Día del ciclo Día de la semana: **L M X J V S D**
Fase lunar de la semana: ● ◑ ○ ◐

Hoy soy Mujer:
Emoción predominante:
Mente:
Cuerpo físico:
Deseo del día:
Miedo del día:
Actividad creativa: □ ○ △ ⬠

Día del mes / Día del ciclo Día de la semana: **L M X J V S D**
Fase lunar de la semana: ● ◑ ○ ◐

Hoy soy Mujer:
Emoción predominante:
Mente:
Cuerpo físico:
Deseo del día:
Miedo del día:
Actividad creativa: □ ○ △ ⬠

Día del mes / Día del ciclo Día de la semana: **L M X J V S D** | Fase lunar de la semana: ● ◑ ○ ◐

Hoy soy Mujer:
Emoción predominante:
Mente:
Cuerpo físico:
Deseo del día:
Miedo del día:
Actividad creativa: □ ○ △ ⬠

Mes:_____

Otros Apuntes / Sueños del Ciclo

Dibujo libre / Escritura libre

Mandala Semanal

Útero Primigenio

Tu útero fue entregado a ti desde el inicio.
No ha sido un error ni una falta de juicio.
Conectando con tu vientre es como te libras de los prejuicios,
que te han hecho ser extranjera en tu cuerpo, vulnerándolo sin ningún beneficio.

Mes: _____ Fase: Folicular Folicular Ovulatoria Lútea Ciclo No.
                                      Menstrual Pre-Ovulatoria   Pre-Menstrual

Día del mes / Día del ciclo Día de la semana: L M X J V S D
Fase lunar de la semana: ● ◑ ○ ◐

Hoy soy Mujer:
Emoción predominante:
Mente:
Cuerpo físico:
Deseo del dia:
Miedo del día:
Actividad creativa: □○△⬠

Día del mes / Día del ciclo Día de la semana: L M X J V S D
Fase lunar de la semana: ● ◑ ○ ◐

Hoy soy Mujer:
Emoción predominante:
Mente:
Cuerpo físico:
Deseo del día:
Miedo del día:
Actividad creativa: □○△⬠

Día del mes / Día del ciclo Día de la semana: L M X J V S D
Fase lunar de la semana: ● ◑ ○ ◐

Hoy soy Mujer:
Emoción predominante:
Mente:
Cuerpo físico:
Deseo del día:
Miedo del día:
Actividad creativa: □○△⬠

Día del mes / Día del ciclo Día de la semana: L M X J V S D
Fase lunar de la semana: ● ◑ ○ ◐

Hoy soy Mujer:
Emoción predominante:
Mente:
Cuerpo físico:
Deseo del día:
Miedo del día:
Actividad creativa: □○△⬠

Día del mes / Día del ciclo Día de la semana: L M X J V S D
Fase lunar de la semana: ● ◑ ○ ◐

Hoy soy Mujer:
Emoción predominante:
Mente:
Cuerpo físico:
Deseo del día:
Miedo del día:
Actividad creativa: □○△⬠

Día del mes / Día del ciclo Día de la semana: L M X J V S D
Fase lunar de la semana: ● ◑ ○ ◐

Hoy soy Mujer:
Emoción predominante:
Mente:
Cuerpo físico:
Deseo del día:
Miedo del día:
Actividad creativa: □○△⬠

Día del mes / Día del ciclo Día de la semana: L M X J V S D | Fase lunar de la semana: ● ◑ ○ ◐

Hoy soy Mujer:
Emoción predominante:
Mente:
Cuerpo físico:
Deseo del día:
Miedo del día:
Actividad creativa: □○△⬠

Mes:_____

Otros Apuntes / Sueños del Ciclo

Dibujo libre/Escritura libre

Mandala Semanal

Capullo Uterino

Una parte de ti muere.
Necesitas transformarte.
Porque en tu propia alquimia está la clave
para transmutar lo que realmente eres en algo brillante.

Mes: _____ Fase: Folicular Folicular Ovulatoria Lútea Ciclo No.
                                      Menstrual Pre-Ovulatoria   Pre-Menstrual

Día del mes / Día del ciclo Día de la semana: **L M X J V S D**
                             Fase lunar de la semana: ● ◑ ○ ◐

Hoy soy Mujer:
Emoción predominante:
Mente:
Cuerpo físico:
Deseo del dia:
Miedo del día:
Actividad creativa: ☐○△⬠

Día del mes / Día del ciclo Día de la semana: **L M X J V S D**
                             Fase lunar de la semana: ● ◑ ○ ◐

Hoy soy Mujer:
Emoción predominante:
Mente:
Cuerpo físico:
Deseo del dia:
Miedo del día:
Actividad creativa: ☐○△⬠

Día del mes / Día del ciclo Día de la semana: **L M X J V S D**
                             Fase lunar de la semana: ● ◑ ○ ◐

Hoy soy Mujer:
Emoción predominante:
Mente:
Cuerpo físico:
Deseo del dia:
Miedo del día:
Actividad creativa: ☐○△⬠

Día del mes / Día del ciclo Día de la semana: **L M X J V S D**
                             Fase lunar de la semana: ● ◑ ○ ◐

Hoy soy Mujer:
Emoción predominante:
Mente:
Cuerpo físico:
Deseo del dia:
Miedo del día:
Actividad creativa: ☐○△⬠

Día del mes / Día del ciclo Día de la semana: **L M X J V S D**
                             Fase lunar de la semana: ● ◑ ○ ◐

Hoy soy Mujer:
Emoción predominante:
Mente:
Cuerpo físico:
Deseo del dia:
Miedo del día:
Actividad creativa: ☐○△⬠

Día del mes / Día del ciclo Día de la semana: **L M X J V S D**
                             Fase lunar de la semana: ● ◑ ○ ◐

Hoy soy Mujer:
Emoción predominante:
Mente:
Cuerpo físico:
Deseo del dia:
Miedo del día:
Actividad creativa: ☐○△⬠

Día del mes / Día del ciclo Día de la semana: **L M X J V S D** | Fase lunar de la semana: ● ◑ ○ ◐

Hoy soy Mujer:
Emoción predominante:
Mente:
Cuerpo físico:
Deseo del dia:
Miedo del día:
Actividad creativa: ☐○△⬠

Mes:_____

Otros Apuntes / Sueños del Ciclo

Mandala Semanal

Nido Uterino de Sueños

En tu capullo te refugias.
Tu transformación a la espera.
Porque tu ser se alimenta de los sueños
que tu vientre teje minuciosamente en su basta esfera.

Mes:_____ Fase: Folicular Folicular Ovulatoria Lútea Ciclo No.
Menstrual Pre-Ovulatoria Pre-Menstrual

Día del mes
Día del ciclo

Día de la semana: L M X J V S D
Fase lunar de la semana: ● ◐ ○ ◑

Hoy soy Mujer:
Emoción predominante:
Mente:
Cuerpo físico:
Deseo del dia:
Miedo del día:
Actividad creativa: □○△⬠

Día del mes
Día del ciclo

Día de la semana: L M X J V S D
Fase lunar de la semana: ● ◐ ○ ◑

Hoy soy Mujer:
Emoción predominante:
Mente:
Cuerpo físico:
Deseo del día:
Miedo del día:
Actividad creativa: □○△⬠

Día del mes
Día del ciclo

Día de la semana: L M X J V S D
Fase lunar de la semana: ● ◐ ○ ◑

Hoy soy Mujer:
Emoción predominante:
Mente:
Cuerpo físico:
Deseo del día:
Miedo del día:
Actividad creativa: □○△⬠

Día del mes
Día del ciclo

Día de la semana: L M X J V S D
Fase lunar de la semana: ● ◐ ○ ◑

Hoy soy Mujer:
Emoción predominante:
Mente:
Cuerpo físico:
Deseo del día:
Miedo del día:
Actividad creativa: □○△⬠

Día del mes
Día del ciclo

Día de la semana: L M X J V S D
Fase lunar de la semana: ● ◐ ○ ◑

Hoy soy Mujer:
Emoción predominante:
Mente:
Cuerpo físico:
Deseo del dia:
Miedo del día:
Actividad creativa: □○△⬠

Día del mes
Día del ciclo

Día de la semana: L M X J V S D
Fase lunar de la semana: ● ◐ ○ ◑

Hoy soy Mujer:
Emoción predominante:
Mente:
Cuerpo físico:
Deseo del día:
Miedo del día:
Actividad creativa: □○△⬠

Día del mes
Día del ciclo

Día de la semana: L M X J V S D | Fase lunar de la semana: ● ◐ ○ ◑

Hoy soy Mujer:
Emoción predominante:
Mente:
Cuerpo físico:
Deseo del día:
Miedo del día:
Actividad creativa: □○△⬠

Mes:_____

Otros Apuntes / Sueños del Ciclo

Dibujo libre/Escritura libre

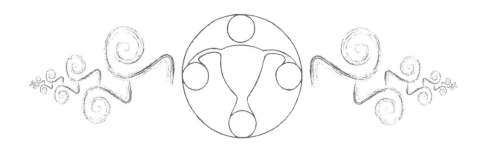

Los Animales como símbolo de nuestra Energía Interna

Los animales representan cualidades y características instintivas que pueden extrapolarse al comportamiento humano. Desde características físicas, formas de movimiento, costumbres y hábitos, hasta los rasgos o patrones de comportamiento frente a diferentes situaciones (caza, apareamiento, descanso, etc). Muchas culturas han asociado arquetipos a los animales, a los cuales hay asociada una energía específica y una enseñanza o ideal a alcanzar.

Al identificarnos con un animal, estamos proyectando sobre nosotr@s mism@s las características intrínsecas que percibimos de dicho animal. La mariposa, por ejemplo, es el animal de la transformación interna por excelencia. Desde su etapa de oruga, que luego fabrica un capullo en el cual realizará su metamorfosis, hasta convertirse en un insecto alado, es un acontecimiento de la madre naturaleza que nos muestra de forma inequívoca el poder de transformación desde nuestra propia esencia. La simbología de la mariposa nos hace referencia a una evolución, el dejar atrás la vieja piel, e incluso el viejo cuerpo, viejos patrones de pensamiento y conducta, para afrontar nuestra realidad desde otra perspectiva. También es símbolo de todo el potencial de belleza interior presente en cada uno de nosotros, la cual sólo espera a que tomemos la decisión de meternos en el capullo para poder mostrar nuestra verdadera esencia al mundo exterior. Esta transformación es un acto de fe, un salto al vacío, en donde nos comprometemos con nosotros mismos a no esconder nuestro potencial. Nos comprometemos a brillar y a volar, para que el mundo pueda disfrutar de la belleza que tenemos para ofrecer.

Los mandalas son un instrumento poderoso que nos permiten ejercer un acto de transformación psíquica. Cuando un mandala tiene simbólicamente la forma de un animal, podemos proyectar la energía que nos evoca dicho diseño al colorearlo y personalizarlo. De esta manera, estamos alimentándonos de su energía y de su simbología, permitiendo que nuestro inconsciente integre sus cualidades como suyas propias, mostrándonos lo que hay en nuestro interior. Si el patrón que se te presenta en un determinado mandala uterino no tiene un animal como conscepto base, no quiere decir que tú no puedas pintar un animal dentro del espacio del útero o cualquier rincón del diseño. Los mandalas están ahí para que conectes con tu interior y tus emociones del momento. *La proyección de un animal con simbología, no es más que una ayuda extra para que saques tu potencial creativo al exterior.*

Ciclo 5

Mandala Semanal
Águila de Fuego, Águila Uterina

*De mitos y leyendas se alimenta tu dolor,
desangrando tus alas en un ritual cíclico de tortura, desprecio y terror.
Y sólo cuando conviertas tu sangre en fuego, conectando a tu vientre con tu corazón,
es que tu águila sagrada te enseñará al ser creativo que reprimes en tu interior.*

Mes:_____   Fase: Folicular   Folicular   Ovulatoria   Lútea   Ciclo No.
                                   Menstrual   Pre-Ovulatoria   Pre-Menstrual

Día del mes / Día del ciclo   Día de la semana: L M X J V S D
                                  Fase lunar de la semana: ● ◐ ○ ◐

Hoy soy Mujer:
Emoción predominante:
Mente:
Cuerpo físico:
Deseo del dia:
Miedo del día:
Actividad creativa: □○△⬠

Día del mes / Día del ciclo   Día de la semana: L M X J V S D
                                  Fase lunar de la semana: ● ◐ ○ ◐

Hoy soy Mujer:
Emoción predominante:
Mente:
Cuerpo físico:
Deseo del día:
Miedo del día:
Actividad creativa: □○△⬠

Día del mes / Día del ciclo   Día de la semana: L M X J V S D
                                  Fase lunar de la semana: ● ◐ ○ ◐

Hoy soy Mujer:
Emoción predominante:
Mente:
Cuerpo físico:
Deseo del día:
Miedo del día:
Actividad creativa: □○△⬠

Día del mes / Día del ciclo   Día de la semana: L M X J V S D
                                  Fase lunar de la semana: ● ◐ ○ ◐

Hoy soy Mujer:
Emoción predominante:
Mente:
Cuerpo físico:
Deseo del día:
Miedo del día:
Actividad creativa: □○△⬠

Día del mes / Día del ciclo   Día de la semana: L M X J V S D
                                  Fase lunar de la semana: ● ◐ ○ ◐

Hoy soy Mujer:
Emoción predominante:
Mente:
Cuerpo físico:
Deseo del dia:
Miedo del día:
Actividad creativa: □○△⬠

Día del mes / Día del ciclo   Día de la semana: L M X J V S D
                                  Fase lunar de la semana: ● ◐ ○ ◐

Hoy soy Mujer:
Emoción predominante:
Mente:
Cuerpo físico:
Deseo del día:
Miedo del día:
Actividad creativa: □○△⬠

Día del mes / Día del ciclo   Día de la semana: L M X J V S D   Fase lunar de la semana: ● ◐ ○ ◐

Hoy soy Mujer:
Emoción predominante:
Mente:
Cuerpo físico:
Deseo del día:
Miedo del día:
Actividad creativa: □○△⬠

Mes:_____

Otros Apuntes / Sueños del Ciclo

Dibujo libre/Escritura libre

Mandala Semanal
Mariposa Uterina

De tu interior nacen las alas de una criatura dulce y delicada.
Mucho coraje te ha tomado la transformación de tu coraza.
Y le agradeces a tu cuerpo su fuerza para materializar los sueños de tu alma,
porque ahora puedes mirar al cielo con el corazón lleno de esperanza.

Mes:_____ Fase: Folicular Folicular Ovulatoria Lútea Ciclo No.
                             Menstrual Pre-Ovulatoria   Pre-Menstrual

Día del mes / Día del ciclo   Día de la semana: L M X J V S D
                               Fase lunar de la semana: ● ◑ ○ ◐

Hoy soy Mujer:
Emoción predominante:
Mente:
Cuerpo físico:
Deseo del dia:
Miedo del día:
Actividad creativa: □○△⬠

Día del mes / Día del ciclo   Día de la semana: L M X J V S D
                               Fase lunar de la semana: ● ◑ ○ ◐

Hoy soy Mujer:
Emoción predominante:
Mente:
Cuerpo físico:
Deseo del día:
Miedo del día:
Actividad creativa: □○△⬠

Día del mes / Día del ciclo   Día de la semana: L M X J V S D
                               Fase lunar de la semana: ● ◑ ○ ◐

Hoy soy Mujer:
Emoción predominante:
Mente:
Cuerpo físico:
Deseo del día:
Miedo del día:
Actividad creativa: □○△⬠

Día del mes / Día del ciclo   Día de la semana: L M X J V S D
                               Fase lunar de la semana: ● ◑ ○ ◐

Hoy soy Mujer:
Emoción predominante:
Mente:
Cuerpo físico:
Deseo del día:
Miedo del día:
Actividad creativa: □○△⬠

Día del mes / Día del ciclo   Día de la semana: L M X J V S D
                               Fase lunar de la semana: ● ◑ ○ ◐

Hoy soy Mujer:
Emoción predominante:
Mente:
Cuerpo físico:
Deseo del dia:
Miedo del día:
Actividad creativa: □○△⬠

Día del mes / Día del ciclo   Día de la semana: L M X J V S D
                               Fase lunar de la semana: ● ◑ ○ ◐

Hoy soy Mujer:
Emoción predominante:
Mente:
Cuerpo físico:
Deseo del día:
Miedo del día:
Actividad creativa: □○△⬠

Día del mes / Día del ciclo   Día de la semana: L M X J V S D | Fase lunar de la semana: ● ◑ ○ ◐

Hoy soy Mujer:
Emoción predominante:
Mente:
Cuerpo físico:
Deseo del día:
Miedo del día:
Actividad creativa: □○△⬠

Mes:_____

Otros Apuntes / Sueños del Ciclo

Dibujo libre / Escritura libre

Mandala Semanal

Coletazo Uterino

Con escamas marinas recubres tu piel sin cesar,
para navegar en tus emociones cual submarino en el fondo del mar.
Y das coletazos uterinos, moviendo el agua sin vacilar,
para ponerte en alerta y así impedir a tus sueños naufragar.

Mes:_____ Fase: Folicular Folicular Ovulatoria Lútea Ciclo No.
                                    Menstrual Pre-Ovulatoria   Pre-Menstrual

Día del mes / Día del ciclo
Día de la semana: L M X J V S D
Fase lunar de la semana: ● ◑ ○ ◐
Hoy soy Mujer:
Emoción predominante:
Mente:
Cuerpo físico:
Deseo del dia:
Miedo del día:
Actividad creativa: □ ○ △ ⬠

Día del mes / Día del ciclo
Día de la semana: L M X J V S D
Fase lunar de la semana: ● ◑ ○ ◐
Hoy soy Mujer:
Emoción predominante:
Mente:
Cuerpo físico:
Deseo del día:
Miedo del día:
Actividad creativa: □ ○ △ ⬠

Día del mes / Día del ciclo
Día de la semana: L M X J V S D
Fase lunar de la semana: ● ◑ ○ ◐
Hoy soy Mujer:
Emoción predominante:
Mente:
Cuerpo físico:
Deseo del día:
Miedo del día:
Actividad creativa: □ ○ △ ⬠

Día del mes / Día del ciclo
Día de la semana: L M X J V S D
Fase lunar de la semana: ● ◑ ○ ◐
Hoy soy Mujer:
Emoción predominante:
Mente:
Cuerpo físico:
Deseo del día:
Miedo del día:
Actividad creativa: □ ○ △ ⬠

Día del mes / Día del ciclo
Día de la semana: L M X J V S D
Fase lunar de la semana: ● ◑ ○ ◐
Hoy soy Mujer:
Emoción predominante:
Mente:
Cuerpo físico:
Deseo del día:
Miedo del día:
Actividad creativa: □ ○ △ ⬠

Día del mes / Día del ciclo
Día de la semana: L M X J V S D
Fase lunar de la semana: ● ◑ ○ ◐
Hoy soy Mujer:
Emoción predominante:
Mente:
Cuerpo físico:
Deseo del día:
Miedo del día:
Actividad creativa: □ ○ △ ⬠

Día del mes / Día del ciclo
Día de la semana: L M X J V S D   Fase lunar de la semana: ● ◑ ○ ◐
Hoy soy Mujer:
Emoción predominante:
Mente:
Cuerpo físico:
Deseo del día:
Miedo del día:
Actividad creativa: □ ○ △ ⬠

Mes: _____

Otros Apuntes / Sueños del Ciclo

Dibujo libre / Escritura libre

Mandala Semanal

Langosta Uterina

Conectada con la luna, protegida por su manto.
Entre las aguas de las emociones te mueves, evitando vulnerar tu ternura y tu encanto.
Y elevas tus tenazas, buscando el camino de lo sagrado,
sabiendo que tu inconsciente es la puerta de tu espíritu creativo encarnado.

Mes: _____ Fase: Folicular Folicular Ovulatoria Lútea Ciclo No.
                                      Menstrual Pre-Ovulatoria   Pre-Menstrual

Día del mes / Día del ciclo
Día de la semana: L M X J V S D
Fase lunar de la semana: ● ◐ ○ ◑

Hoy soy Mujer:
Emoción predominante:
Mente:
Cuerpo físico:
Deseo del dia:
Miedo del día:
Actividad creativa: □○△⬠

Día del mes / Día del ciclo
Día de la semana: L M X J V S D
Fase lunar de la semana: ● ◐ ○ ◑

Hoy soy Mujer:
Emoción predominante:
Mente:
Cuerpo físico:
Deseo del día:
Miedo del día:
Actividad creativa: □○△⬠

Día del mes / Día del ciclo
Día de la semana: L M X J V S D
Fase lunar de la semana: ● ◐ ○ ◑

Hoy soy Mujer:
Emoción predominante:
Mente:
Cuerpo físico:
Deseo del dia:
Miedo del día:
Actividad creativa: □○△⬠

Día del mes / Día del ciclo
Día de la semana: L M X J V S D
Fase lunar de la semana: ● ◐ ○ ◑

Hoy soy Mujer:
Emoción predominante:
Mente:
Cuerpo físico:
Deseo del día:
Miedo del día:
Actividad creativa: □○△⬠

Día del mes / Día del ciclo
Día de la semana: L M X J V S D
Fase lunar de la semana: ● ◐ ○ ◑

Hoy soy Mujer:
Emoción predominante:
Mente:
Cuerpo físico:
Deseo del dia:
Miedo del día:
Actividad creativa: □○△⬠

Día del mes / Día del ciclo
Día de la semana: L M X J V S D
Fase lunar de la semana: ● ◐ ○ ◑

Hoy soy Mujer:
Emoción predominante:
Mente:
Cuerpo físico:
Deseo del día:
Miedo del día:
Actividad creativa: □○△⬠

Día del mes / Día del ciclo
Día de la semana: L M X J V S D | Fase lunar de la semana: ● ◐ ○ ◑

Hoy soy Mujer:
Emoción predominante:
Mente:
Cuerpo físico:
Deseo del día:
Miedo del día:
Actividad creativa: □○△⬠

Mes:_____

Otros Apuntes / Sueños del Ciclo

Dibujo libre/Escritura libre

Las Emociones como Caudal Creativo Infinito

El ciclo menstrual de la mujer aporta una característica singular a nuestra vivencia como individuos y seres humanos. Estamos repletas de emociones muy variadas a lo largo de todo el ciclo. Gracias a la química de nuestros cuerpos femeninos, experimentamos con mucha más facilidad un gran espectro de emociones en un corto período de tiempo. El mundo necesita de nuestra emoción, porque las emociones son las que mueven al mundo.

Las emociones son cíclicas y cumplen una función movilizadora en nuestro ser. El poder que tiene el *sentir* que se quiere hacer algo, es muy distinto al simplemente **pensar** que hay que hacerlo o que debe de hacerse. Para poder experimentar emociones variadas de una manera continuada y repetida, es necesario permitirnos sentirlas y expresarlas. Al reprimir nuestras emociones, al juzgar con nuestra mente lo que sentimos, inhabilitamos al ciclo emocional. Esto hace que se estanque e impida que cumpla su función de movilizarnos.

Solemos aferrarnos a nuestros estados emocionales como si estos nunca fuesen a cambiar, y al hacer esto, alargamos sin saberlo la duración de dicha emoción, convirtiéndola en un elemento tóxico que nos hace daño. Mucha alegría forzada es igual de malo que una tristeza perpetuada más de la cuenta. Estados de enfado e ira a los cuales no les damos salida, se convierten en procesos mentales rumiantes que nos impiden sentir la próxima emoción, usualmente más tranquila y sosegada.

Cuando nos sentimos estancadas en una emoción, la cual pareciese que está ahí para quedarse, es necesario ponernos en acción para reanudar el ciclo emocional. Los mandalas uterinos nos ayudan a movilizar el estancamiento interno, no sólo a nivel de las emociones, sino que ejercen un efecto muy poderoso sobre nuestra mente e incluso nuestro cuerpo. Los mandalas en general, son una herramienta de meditación activa diseñada para transformar nuestros estados anímicos y de pensamiento, convirtiéndola en una herramienta alquímica.

Utiliza todas tus emociones para colorear los mandalas, sobretodo aquellas que consideres negativas, aunque realmente no lo sean, porque cada emoción tiene una función. La apatía, la frustración y la rabia, contienen dentro de sí un caudal infinito de creatividad que requiere ser expresado de forma gráfica para que puedas darte cuenta de tu propio potencial. *No te limites a pintar sólo cuando te apetezca o estés contenta. Aprovecha también los momentos contrarios, porque en ellos puede que se te revele más información sobre tí misma y tu potencial creativo de lo que eras consciente.*

Ciclo 6

Mandala Semanal

Reverberación Uterina

El agua en ti ondula de manera infinita,
haciendo que tus deseos reverberen en una espiral cíclica.
Y tu vientre destella su brillo sobre superficies poco nítidas,
para que así les de el foco de una visión sin juicios ni críticas.

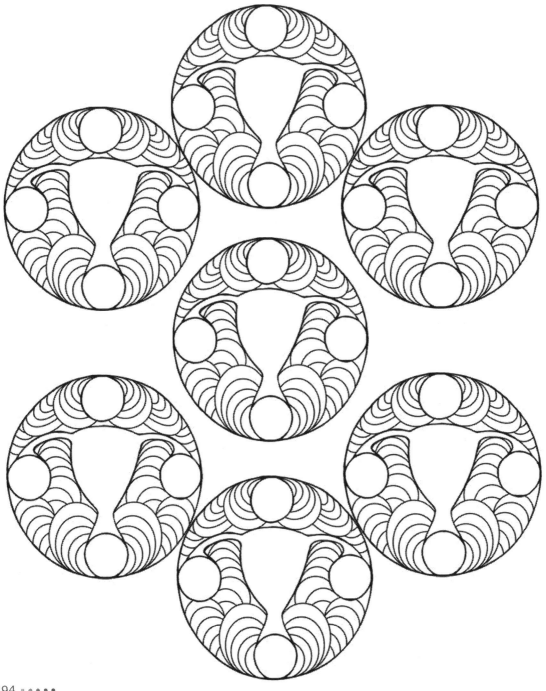

Mes:_____   Fase: Folicular   Folicular   Ovulatoria   Lútea   Ciclo No.
                               Menstrual   Pre-Ovulatoria   Pre-Menstrual

Día del mes / Día del ciclo   Día de la semana: L M X J V S D
                              Fase lunar de la semana: ● ◑ ○ ◐

Hoy soy Mujer:
Emoción predominante:
Mente:
Cuerpo físico:
Deseo del dia:
Miedo del día:
Actividad creativa: □○△⬠

Día del mes / Día del ciclo   Día de la semana: L M X J V S D
                              Fase lunar de la semana: ● ◑ ○ ◐

Hoy soy Mujer:
Emoción predominante:
Mente:
Cuerpo físico:
Deseo del día:
Miedo del día:
Actividad creativa: □○△⬠

Día del mes / Día del ciclo   Día de la semana: L M X J V S D
                              Fase lunar de la semana: ● ◑ ○ ◐

Hoy soy Mujer:
Emoción predominante:
Mente:
Cuerpo físico:
Deseo del día:
Miedo del día:
Actividad creativa: □○△⬠

Día del mes / Día del ciclo   Día de la semana: L M X J V S D
                              Fase lunar de la semana: ● ◑ ○ ◐

Hoy soy Mujer:
Emoción predominante:
Mente:
Cuerpo físico:
Deseo del día:
Miedo del día:
Actividad creativa: □○△⬠

Día del mes / Día del ciclo   Día de la semana: L M X J V S D
                              Fase lunar de la semana: ● ◑ ○ ◐

Hoy soy Mujer:
Emoción predominante:
Mente:
Cuerpo físico:
Deseo del día:
Miedo del día:
Actividad creativa: □○△⬠

Día del mes / Día del ciclo   Día de la semana: L M X J V S D   Fase lunar de la semana: ● ◑ ○ ◐

Hoy soy Mujer:
Emoción predominante:
Mente:
Cuerpo físico:
Deseo del día:
Miedo del día:
Actividad creativa: □○△⬠

Mes:_____

Otros Apuntes / Sueños del Ciclo

Dibujo libre / Escritura libre

Mandala Semanal

Centrifugado Uterino

Dando vueltas es que regresas a tu centro.
Rápida. Furiosa. Necesitas vaciar los excesos.
Giras maravillada en un éxtasis excelso,
porque tu esencia de mujer renace cuando liberas tu luz y tu sombra sin miramientos.

Mes:_____   Fase: Folicular Folicular Ovulatoria Lútea Ciclo No.
                              Menstrual Pre-Ovulatoria   Pre-Menstrual

Día del mes / Día del ciclo

Día de la semana: L M X J V S D
Fase lunar de la semana: ● ◑ ○ ◐

Hoy soy Mujer:
Emoción predominante:
Mente:
Cuerpo físico:
Deseo del dia:
Miedo del día:
Actividad creativa: □○△⬠

Día del mes / Día del ciclo

Día de la semana: L M X J V S D
Fase lunar de la semana: ● ◑ ○ ◐

Hoy soy Mujer:
Emoción predominante:
Mente:
Cuerpo físico:
Deseo del día:
Miedo del día:
Actividad creativa: □○△⬠

Día del mes / Día del ciclo

Día de la semana: L M X J V S D
Fase lunar de la semana: ● ◑ ○ ◐

Hoy soy Mujer:
Emoción predominante:
Mente:
Cuerpo físico:
Deseo del dia:
Miedo del día:
Actividad creativa: □○△⬠

Día del mes / Día del ciclo

Día de la semana: L M X J V S D
Fase lunar de la semana: ● ◑ ○ ◐

Hoy soy Mujer:
Emoción predominante:
Mente:
Cuerpo físico:
Deseo del día:
Miedo del día:
Actividad creativa: □○△⬠

Día del mes / Día del ciclo

Día de la semana: L M X J V S D
Fase lunar de la semana: ● ◑ ○ ◐

Hoy soy Mujer:
Emoción predominante:
Mente:
Cuerpo físico:
Deseo del dia:
Miedo del día:
Actividad creativa: □○△⬠

Día del mes / Día del ciclo

Día de la semana: L M X J V S D
Fase lunar de la semana: ● ◑ ○ ◐

Hoy soy Mujer:
Emoción predominante:
Mente:
Cuerpo físico:
Deseo del día:
Miedo del día:
Actividad creativa: □○△⬠

Día del mes / Día del ciclo

Día de la semana: L M X J V S D   Fase lunar de la semana: ● ◑ ○ ◐

Hoy soy Mujer:
Emoción predominante:
Mente:
Cuerpo físico:
Deseo del día:
Miedo del día:
Actividad creativa: □○△⬠

Mes:_____

Otros Apuntes / Sueños del Ciclo

Dibujo libre / Escritura libre

Mandala Semanal

Aguas Uterinas

En las aguas de tu vientre se mueve una marea.
Sumisa o implacable, según las emociones del día sean.
Siente su vaivén e interpreta sus tiempos,
porque ella es la que cuida de los dones que se encuentran en tu mar adentro.

Mes: _____   **Fase:** Folicular Menstrual · Folicular Pre-Ovulatoria · Ovulatoria · Lútea Pre-Menstrual   **Ciclo No.**

Día del mes / Día del ciclo

Día de la semana: **L M X J V S D**
Fase lunar de la semana: ● ◑ ○ ◐

Hoy soy Mujer:
Emoción predominante:
Mente:
Cuerpo físico:
Deseo del dia:
Miedo del día:
Actividad creativa: □ ○ △ ⬠

Día del mes / Día del ciclo

Día de la semana: **L M X J V S D**
Fase lunar de la semana: ● ◑ ○ ◐

Hoy soy Mujer:
Emoción predominante:
Mente:
Cuerpo físico:
Deseo del día:
Miedo del día:
Actividad creativa: □ ○ △ ⬠

Día del mes / Día del ciclo

Día de la semana: **L M X J V S D**
Fase lunar de la semana: ● ◑ ○ ◐

Hoy soy Mujer:
Emoción predominante:
Mente:
Cuerpo físico:
Deseo del día:
Miedo del día:
Actividad creativa: □ ○ △ ⬠

Día del mes / Día del ciclo

Día de la semana: **L M X J V S D**
Fase lunar de la semana: ● ◑ ○ ◐

Hoy soy Mujer:
Emoción predominante:
Mente:
Cuerpo físico:
Deseo del día:
Miedo del día:
Actividad creativa: □ ○ △ ⬠

Día del mes / Día del ciclo

Día de la semana: **L M X J V S D**
Fase lunar de la semana: ● ◑ ○ ◐

Hoy soy Mujer:
Emoción predominante:
Mente:
Cuerpo físico:
Deseo del dia:
Miedo del día:
Actividad creativa: □ ○ △ ⬠

Día del mes / Día del ciclo

Día de la semana: **L M X J V S D**
Fase lunar de la semana: ● ◑ ○ ◐

Hoy soy Mujer:
Emoción predominante:
Mente:
Cuerpo físico:
Deseo del día:
Miedo del día:
Actividad creativa: □ ○ △ ⬠

Día del mes / Día del ciclo

Día de la semana: **L M X J V S D**   Fase lunar de la semana: ● ◑ ○ ◐

Hoy soy Mujer:
Emoción predominante:
Mente:
Cuerpo físico:
Deseo del día:
Miedo del día:
Actividad creativa: □ ○ △ ⬠

Mes:_____

Otros Apuntes / Sueños del Ciclo

Dibujo libre / Escritura libre

Mandala Semanal

Energía Uterina Expansiva

Del silencio entre el tumulto, te escuchas por fin sincera y sin reparo.
Tú eres la semilla, eres el llanto y el canto.
Aquel que el mundo desde hace tiempo espera
para salir de su embrujado encanto.

Mes:_____

Fase: Folicular Menstrual   Folicular Pre-Ovulatoria   Ovulatoria   Lútea Pre-Menstrual   Ciclo No.

Día del mes / Día del ciclo

Día de la semana: L M X J V S D
Fase lunar de la semana: ● ◐ ○ ◑

Hoy soy Mujer:
Emoción predominante:
Mente:
Cuerpo físico:
Deseo del dia:
Miedo del día:
Actividad creativa: □○△⬠

Día del mes / Día del ciclo

Día de la semana: L M X J V S D
Fase lunar de la semana: ● ◐ ○ ◑

Hoy soy Mujer:
Emoción predominante:
Mente:
Cuerpo físico:
Deseo del día:
Miedo del día:
Actividad creativa: □○△⬠

Día del mes / Día del ciclo

Día de la semana: L M X J V S D
Fase lunar de la semana: ● ◐ ○ ◑

Hoy soy Mujer:
Emoción predominante:
Mente:
Cuerpo físico:
Deseo del día:
Miedo del día:
Actividad creativa: □○△⬠

Día del mes / Día del ciclo

Día de la semana: L M X J V S D
Fase lunar de la semana: ● ◐ ○ ◑

Hoy soy Mujer:
Emoción predominante:
Mente:
Cuerpo físico:
Deseo del día:
Miedo del día:
Actividad creativa: □○△⬠

Día del mes / Día del ciclo

Día de la semana: L M X J V S D
Fase lunar de la semana: ● ◐ ○ ◑

Hoy soy Mujer:
Emoción predominante:
Mente:
Cuerpo físico:
Deseo del dia:
Miedo del día:
Actividad creativa: □○△⬠

Día del mes / Día del ciclo

Día de la semana: L M X J V S D
Fase lunar de la semana: ● ◐ ○ ◑

Hoy soy Mujer:
Emoción predominante:
Mente:
Cuerpo físico:
Deseo del día:
Miedo del día:
Actividad creativa: □○△⬠

Día del mes / Día del ciclo

Día de la semana: L M X J V S D   Fase lunar de la semana: ● ◐ ○ ◑

Hoy soy Mujer:
Emoción predominante:
Mente:
Cuerpo físico:
Deseo del día:
Miedo del día:
Actividad creativa: □○△⬠

Mes:_____

Otros Apuntes / Sueños del Ciclo

Dibujo libre / Escritura libre

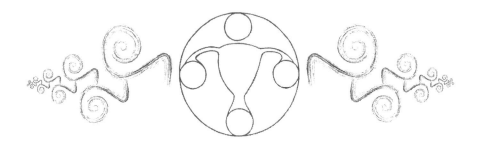

La Creatividad necesita Retos

Si bien es cierto que tenemos un potencial creativo innato, dicha creatividad debe ser puesta en práctica para que se desarrolle y evolucione. Es como montar en bicicleta. Al principio te cuesta mantener el equilibrio y tu miedo de caerte y hacerte daño está muy presente. Pero si no eres persistente y continuas practicando, no lograrás montar con fluidez. Lo mismo ocurre con la creatividad, si no la practicas con frecuencia no te saldrá de una manera fluida de buenas a primeras.

La creatividad es un don que necesita de retos para desplegar su potencial. Tener que resolver problemas de "manera creativa" es un reto en sí mismo. El simple hecho de preguntarnos cómo podemos hacer una tarea específica de manera diferente, para obtener un resultado diferente o mejor, es un reto para nuestro potencial creativo.

Nuestro potencial creativo se mueve por nuestras emociones y lo condiciona nuestro pensamiento. *Hay que pensar menos y sentir más. tenemos que juzgarnos menos (a nosotras y nuestras capacidades) y dejarnos llevar más por nuestra intuición. Debemos aparcar nuestros miedos y experimentar,* ya que, como en el caso de la bcicleta, si no lo intentamos no aprenderemos a montar. Obviamente hay situaciones más sencillas que otras, miedos y juicios más arraigados e intensos que otros. Lo importante es dar pasos, por pequeños que parezcan. Como dice el dicho: Roma no se construyó en un día.

Los mandalas uterinos son un reto para tu inconsciente y para tu potencial creativo. La idea principal es pintar un mandala por día y cada día hacerlo de forma distinta. Pero habrá semanas en que estés saturada, te sientas apática o "no encuentres" el tiempo para sentarte a pintar. Para esas ocasiones, la recomendación es no preocuparte por el detalle. Pinta. Colorea. Rellena los espacios simplemente sin reparar en decoraciones extra que puedas hacer. Y si no se te ocurre una nueva manera de colorear el mismo mandala, utiliza los mismos colores con el mismo patrón que coloreaste el anterior. Muy seguramente alguna diferencia habrá entre uno y otro. De hecho, el pintar los siete mandalas de una semana (o al menos tres) todos igual, es un reto en sí mismo. *A nuestro potencial creativo le gusta marcar diferencias y cuando le impones el reto de hacer algo exactamente igual varias veces, se pone intranquilo y se "despierta" un poco más.* Cuando el potencial creativo se despierta, las ideas de cómo hacer una misma cosa de forma distinta se incrementa. Y no solo la misma cosa, el potencial creativo empieza a funcionar para las distintas áreas de tu vida en donde había algún bloqueo y no veías otras alternativas.

Ciclo 7

Mandala Semanal

Corazón Guerrero, Corazón Uterino

De las cuevas de tus sueños surge el deseo eterno.
Ves batallas y conquistas que hacen latir a tu pecho.
Y tu vientre se estremece al conectar con tu corazón guerrero,
porque juntos blanden la espada que impulsa a la mujer de fuego que llevas dentro.

Mes: _____

Fase: Folicular Menstrual   Folicular Pre-Ovulatoria   Ovulatoria   Lútea Pre-Menstrual

Ciclo No.

Día del mes / Día del ciclo

Día de la semana: L M X J V S D
Fase lunar de la semana: ● ◐ ○ ◑

Hoy soy Mujer:
Emoción predominante:
Mente:
Cuerpo físico:
Deseo del dia:
Miedo del día:
Actividad creativa: □ ○ △ ⬠

Día del mes / Día del ciclo

Día de la semana: L M X J V S D
Fase lunar de la semana: ● ◐ ○ ◑

Hoy soy Mujer:
Emoción predominante:
Mente:
Cuerpo físico:
Deseo del día:
Miedo del día:
Actividad creativa: □ ○ △ ⬠

Día del mes / Día del ciclo

Día de la semana: L M X J V S D
Fase lunar de la semana: ● ◐ ○ ◑

Hoy soy Mujer:
Emoción predominante:
Mente:
Cuerpo físico:
Deseo del día:
Miedo del día:
Actividad creativa: □ ○ △ ⬠

Día del mes / Día del ciclo

Día de la semana: L M X J V S D
Fase lunar de la semana: ● ◐ ○ ◑

Hoy soy Mujer:
Emoción predominante:
Mente:
Cuerpo físico:
Deseo del día:
Miedo del día:
Actividad creativa: □ ○ △ ⬠

Día del mes / Día del ciclo

Día de la semana: L M X J V S D
Fase lunar de la semana: ● ◐ ○ ◑

Hoy soy Mujer:
Emoción predominante:
Mente:
Cuerpo físico:
Deseo del día:
Miedo del día:
Actividad creativa: □ ○ △ ⬠

Día del mes / Día del ciclo

Día de la semana: L M X J V S D
Fase lunar de la semana: ● ◐ ○ ◑

Hoy soy Mujer:
Emoción predominante:
Mente:
Cuerpo físico:
Deseo del día:
Miedo del día:
Actividad creativa: □ ○ △ ⬠

Día del mes / Día del ciclo

Día de la semana: L M X J V S D   Fase lunar de la semana: ● ◐ ○ ◑

Hoy soy Mujer:
Emoción predominante:
Mente:
Cuerpo físico:
Deseo del día:
Miedo del día:
Actividad creativa: □ ○ △ ⬠

Mes:_____

Otros Apuntes / Sueños del Ciclo

Dibujo libre / Escritura libre

Mandala Semanal

Desde el Vacío

Despojándote de todo.
Desnuda y en pie frente al vacío.
Abres tus semillas con aplomo,
esparciendo tu alma al mundo en un suspiro.

Mes:_____   Fase: Folicular   Folicular   Ovulatoria   Lútea   Ciclo No.
                                Menstrual   Pre-Ovulatoria   Pre-Menstrual

Día del mes / Día del ciclo

Día de la semana: L M X J V S D
Fase lunar de la semana: ● ◐ ○ ◑

Hoy soy Mujer:
Emoción predominante:
Mente:
Cuerpo físico:
Deseo del dia:
Miedo del día:
Actividad creativa: □ ○ △ ⬠

Día del mes / Día del ciclo

Día de la semana: L M X J V S D
Fase lunar de la semana: ● ◐ ○ ◑

Hoy soy Mujer:
Emoción predominante:
Mente:
Cuerpo físico:
Deseo del día:
Miedo del día:
Actividad creativa: □ ○ △ ⬠

Día del mes / Día del ciclo

Día de la semana: L M X J V S D
Fase lunar de la semana: ● ◐ ○ ◑

Hoy soy Mujer:
Emoción predominante:
Mente:
Cuerpo físico:
Deseo del día:
Miedo del día:
Actividad creativa: □ ○ △ ⬠

Día del mes / Día del ciclo

Día de la semana: L M X J V S D
Fase lunar de la semana: ● ◐ ○ ◑

Hoy soy Mujer:
Emoción predominante:
Mente:
Cuerpo físico:
Deseo del día:
Miedo del día:
Actividad creativa: □ ○ △ ⬠

Día del mes / Día del ciclo

Día de la semana: L M X J V S D
Fase lunar de la semana: ● ◐ ○ ◑

Hoy soy Mujer:
Emoción predominante:
Mente:
Cuerpo físico:
Deseo del dia:
Miedo del día:
Actividad creativa: □ ○ △ ⬠

Día del mes / Día del ciclo

Día de la semana: L M X J V S D
Fase lunar de la semana: ● ◐ ○ ◑

Hoy soy Mujer:
Emoción predominante:
Mente:
Cuerpo físico:
Deseo del día:
Miedo del día:
Actividad creativa: □ ○ △ ⬠

Día del mes / Día del ciclo

Día de la semana: L M X J V S D   Fase lunar de la semana: ● ◐ ○ ◑

Hoy soy Mujer:
Emoción predominante:
Mente:
Cuerpo físico:
Deseo del día:
Miedo del día:
Actividad creativa: □ ○ △ ⬠

Mes:_____

Otros Apuntes / Sueños del Ciclo

Dibujo libre / Escritura libre

Mandala Semanal

Mariposa Uterina

De tu interior nacen las alas de una criatura dulce y delicada.
Mucho coraje te ha tomado la transformación de tu coraza.
Y le agradeces a tu cuerpo su fuerza para materializar los sueños de tu alma,
porque ahora puedes mirar al cielo con el corazón lleno de esperanza.

Mes: _____ Fase: Folicular Folicular Ovulatoria Lútea Ciclo No.
Menstrual Pre-Ovulatoria Pre-Menstrual

Día del mes / Día del ciclo

Día de la semana: L M X J V S D
Fase lunar de la semana: ● ◑ ○ ◐

Hoy soy Mujer:
Emoción predominante:
Mente:
Cuerpo físico:
Deseo del día:
Miedo del día:
Actividad creativa: □ ○ △ ⬠

Día del mes / Día del ciclo

Día de la semana: L M X J V S D
Fase lunar de la semana: ● ◑ ○ ◐

Hoy soy Mujer:
Emoción predominante:
Mente:
Cuerpo físico:
Deseo del día:
Miedo del día:
Actividad creativa: □ ○ △ ⬠

Día del mes / Día del ciclo

Día de la semana: L M X J V S D
Fase lunar de la semana: ● ◑ ○ ◐

Hoy soy Mujer:
Emoción predominante:
Mente:
Cuerpo físico:
Deseo del día:
Miedo del día:
Actividad creativa: □ ○ △ ⬠

Día del mes / Día del ciclo

Día de la semana: L M X J V S D
Fase lunar de la semana: ● ◑ ○ ◐

Hoy soy Mujer:
Emoción predominante:
Mente:
Cuerpo físico:
Deseo del día:
Miedo del día:
Actividad creativa: □ ○ △ ⬠

Día del mes / Día del ciclo

Día de la semana: L M X J V S D
Fase lunar de la semana: ● ◑ ○ ◐

Hoy soy Mujer:
Emoción predominante:
Mente:
Cuerpo físico:
Deseo del día:
Miedo del día:
Actividad creativa: □ ○ △ ⬠

Día del mes / Día del ciclo

Día de la semana: L M X J V S D
Fase lunar de la semana: ● ◑ ○ ◐

Hoy soy Mujer:
Emoción predominante:
Mente:
Cuerpo físico:
Deseo del día:
Miedo del día:
Actividad creativa: □ ○ △ ⬠

Día del mes / Día del ciclo

Día de la semana: L M X J V S D Fase lunar de la semana: ● ◑ ○ ◐

Hoy soy Mujer:
Emoción predominante:
Mente:
Cuerpo físico:
Deseo del día:
Miedo del día:
Actividad creativa: □ ○ △ ⬠

Mes:_____

Otros Apuntes / Sueños del Ciclo

Dibujo libre/Escritura libre

Mandala Semanal

Capullo Uterino

Una parte de ti muere.
Necesitas transformarte.
Porque en tu propia alquimia está la clave
para transmutar lo que realmente eres en algo brillante.

Mes: _____

Fase: Folicular Menstrual   Folicular Pre-Ovulatoria   Ovulatoria   Lútea Pre-Menstrual   **Ciclo No.**

Día del mes / Día del ciclo

Día de la semana: L M X J V S D
Fase lunar de la semana: ● ◑ ○ ◐

Hoy soy Mujer:
Emoción predominante:
Mente:
Cuerpo físico:
Deseo del dia:
Miedo del día:
Actividad creativa: ☐ ○ △ ⬠

Día del mes / Día del ciclo

Día de la semana: L M X J V S D
Fase lunar de la semana: ● ◑ ○ ◐

Hoy soy Mujer:
Emoción predominante:
Mente:
Cuerpo físico:
Deseo del día:
Miedo del día:
Actividad creativa: ☐ ○ △ ⬠

Día del mes / Día del ciclo

Día de la semana: L M X J V S D
Fase lunar de la semana: ● ◑ ○ ◐

Hoy soy Mujer:
Emoción predominante:
Mente:
Cuerpo físico:
Deseo del día:
Miedo del día:
Actividad creativa: ☐ ○ △ ⬠

Día del mes / Día del ciclo

Día de la semana: L M X J V S D
Fase lunar de la semana: ● ◑ ○ ◐

Hoy soy Mujer:
Emoción predominante:
Mente:
Cuerpo físico:
Deseo del día:
Miedo del día:
Actividad creativa: ☐ ○ △ ⬠

Día del mes / Día del ciclo

Día de la semana: L M X J V S D
Fase lunar de la semana: ● ◑ ○ ◐

Hoy soy Mujer:
Emoción predominante:
Mente:
Cuerpo físico:
Deseo del dia:
Miedo del día:
Actividad creativa: ☐ ○ △ ⬠

Día del mes / Día del ciclo

Día de la semana: L M X J V S D
Fase lunar de la semana: ● ◑ ○ ◐

Hoy soy Mujer:
Emoción predominante:
Mente:
Cuerpo físico:
Deseo del día:
Miedo del día:
Actividad creativa: ☐ ○ △ ⬠

Día del mes / Día del ciclo

Día de la semana: L M X J V S D | Fase lunar de la semana: ● ◑ ○ ◐

Hoy soy Mujer:
Emoción predominante:
Mente:
Cuerpo físico:
Deseo del día:
Miedo del día:
Actividad creativa: ☐ ○ △ ⬠

• • • • • 225

Mes:_____

Otros Apuntes / Sueños del Ciclo

Dibujo libre / Escritura libre

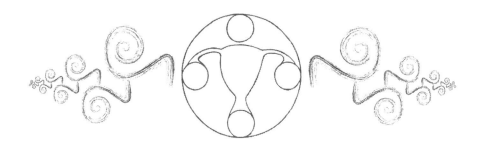

Los Mandalas Uterinos como Termómetro Emocional

Los mandalas uterinos son como un termómetro emocional. A través de estos mandalas y los colores y formas extra que desees pintar en un día en particular, tendrás un indicativo de cómo era tu estado anímico general de ese día. *No sólo serán una conexión con tus emociones, sino que a lo largo de tus ciclos te darán una pauta de cómo le gusta pintar a cada una de tus fases.* Es decir que, dependiendo de los colores y formas que utilices una determinada semana, podrás intuir, sentir y observar, a través de los mandalas uterinos, la fase por la cual estás atravesando dentro de tu ciclo menstrual.

Cada fase de tu ciclo tiene pensamientos, emociones y sensaciones físicas determinadas. Éstas las verás reflejadas en los mandalas uterinos semanales. Por eso es importante que todas las semanas colorees aunque sea un único mandala. Si bien es cierto que la apatía o la falta de ganas o tiempo te pueden dar una pista de la fase por la cual estés atravesando, tu inconsciente te revelará mucha más información acerca del porqué de ése estado a través de los mandalas uterinos.

Todas las fases de tu ciclo menstrual son creativas, sólo que cada una tiene una manera distinta de expresarlo. Tienes que darte la oportunidad de explorar la creatividad de cada una de tus fases. Cada una de ellas te aportará información sobre ti y tus necesidades internas más íntimas. Tus necesidades pueden incluir sacar a la luz miedos, sueños o anhelos no cumplidos, heridas pasadas no sanadas, alegrías cotidianas, y muchos etcéteras, dependiendo de tu proceso personal. Sacar a la luz estas necesidades implica darles forma, darles color, expresarlos de manera tal que tu inconsciente pueda integrarlos y generar un nuevo orden de emociones y pensamientos con respecto a esos procesos internos.

A medida que avances en el registro de tus ciclos y si eres más o menos constante en la utilización de los mandalas uterinos, prodrás observar el desarrollo y evolución de tu potencial creativo femenino. *El termómetro emocional sólo funciona si lo utilizas. Así que aprovecha cada emoción y cada estado anímico para explorar lo que hay dentro de ti.*

Ciclo 8

Mandala Semanal

Coletazo Uterino

*Con escamas marinas recubres tu piel sin cesar,
para navegar en tus emociones cual submarino en el fondo del mar.
Y das coletazos uterinos, moviendo el agua sin vacilar,
para ponerte en alerta y así impedir a tus sueños naufragar.*

Mes:_____   Fase: Folicular   Folicular   Lútea   Ciclo No.
                                         Menstrual   Pre-Ovulatoria   Ovulatoria   Pre-Menstrual

Día del mes / Día del ciclo

Día de la semana: L M X J V S D
Fase lunar de la semana: ● ◐ ○ ◑

Hoy soy Mujer:
Emoción predominante:
Mente:
Cuerpo físico:
Deseo del día:
Miedo del día:
Actividad creativa: □○△⬠

Día del mes / Día del ciclo

Día de la semana: L M X J V S D
Fase lunar de la semana: ● ◐ ○ ◑

Hoy soy Mujer:
Emoción predominante:
Mente:
Cuerpo físico:
Deseo del día:
Miedo del día:
Actividad creativa: □○△⬠

Día del mes / Día del ciclo

Día de la semana: L M X J V S D
Fase lunar de la semana: ● ◐ ○ ◑

Hoy soy Mujer:
Emoción predominante:
Mente:
Cuerpo físico:
Deseo del día:
Miedo del día:
Actividad creativa: □○△⬠

Día del mes / Día del ciclo

Día de la semana: L M X J V S D
Fase lunar de la semana: ● ◐ ○ ◑

Hoy soy Mujer:
Emoción predominante:
Mente:
Cuerpo físico:
Deseo del día:
Miedo del día:
Actividad creativa: □○△⬠

Día del mes / Día del ciclo

Día de la semana: L M X J V S D
Fase lunar de la semana: ● ◐ ○ ◑

Hoy soy Mujer:
Emoción predominante:
Mente:
Cuerpo físico:
Deseo del día:
Miedo del día:
Actividad creativa: □○△⬠

Día del mes / Día del ciclo

Día de la semana: L M X J V S D
Fase lunar de la semana: ● ◐ ○ ◑

Hoy soy Mujer:
Emoción predominante:
Mente:
Cuerpo físico:
Deseo del día:
Miedo del día:
Actividad creativa: □○△⬠

Día del mes / Día del ciclo

Día de la semana: L M X J V S D   Fase lunar de la semana: ● ◐ ○ ◑

Hoy soy Mujer:
Emoción predominante:
Mente:
Cuerpo físico:
Deseo del día:
Miedo del día:
Actividad creativa: □○△⬠

Mes:_____

Otros Apuntes / Sueños del Ciclo

Dibujo libre/Escritura libre

Mandala Semanal

Águila de Fuego, Águila Uterina

De mitos y leyendas se alimenta tu dolor,
desangrando tus alas en un ritual cíclico de tortura, desprecio y terror.
Y sólo cuando conviertas tu sangre en fuego, conectando a tu vientre con tu corazón,
es que tu águila sagrada te enseñará al ser creativo que reprimes en tu interior.

Mes: _____

Fase: Folicular Menstrual | Folicular Pre-Ovulatoria | Ovulatoria | Lútea Pre-Menstrual

Ciclo No.

Día del mes / Día del ciclo

Día de la semana: L M X J V S D
Fase lunar de la semana: ● ◑ ○ ◐

Hoy soy Mujer:
Emoción predominante:
Mente:
Cuerpo físico:
Deseo del día:
Miedo del día:
Actividad creativa: □ ○ △ ⬠

Día del mes / Día del ciclo

Día de la semana: L M X J V S D
Fase lunar de la semana: ● ◑ ○ ◐

Hoy soy Mujer:
Emoción predominante:
Mente:
Cuerpo físico:
Deseo del día:
Miedo del día:
Actividad creativa: □ ○ △ ⬠

Día del mes / Día del ciclo

Día de la semana: L M X J V S D
Fase lunar de la semana: ● ◑ ○ ◐

Hoy soy Mujer:
Emoción predominante:
Mente:
Cuerpo físico:
Deseo del día:
Miedo del día:
Actividad creativa: □ ○ △ ⬠

Día del mes / Día del ciclo

Día de la semana: L M X J V S D
Fase lunar de la semana: ● ◑ ○ ◐

Hoy soy Mujer:
Emoción predominante:
Mente:
Cuerpo físico:
Deseo del día:
Miedo del día:
Actividad creativa: □ ○ △ ⬠

Día del mes / Día del ciclo

Día de la semana: L M X J V S D
Fase lunar de la semana: ● ◑ ○ ◐

Hoy soy Mujer:
Emoción predominante:
Mente:
Cuerpo físico:
Deseo del día:
Miedo del día:
Actividad creativa: □ ○ △ ⬠

Día del mes / Día del ciclo

Día de la semana: L M X J V S D
Fase lunar de la semana: ● ◑ ○ ◐

Hoy soy Mujer:
Emoción predominante:
Mente:
Cuerpo físico:
Deseo del día:
Miedo del día:
Actividad creativa: □ ○ △ ⬠

Día del mes / Día del ciclo

Día de la semana: L M X J V S D
Fase lunar de la semana: ● ◑ ○ ◐

Hoy soy Mujer:
Emoción predominante:
Mente:
Cuerpo físico:
Deseo del día:
Miedo del día:
Actividad creativa: □ ○ △ ⬠

Mes: _____

Otros Apuntes / Sueños del Ciclo

Dibujo libre / Escritura libre

Mandala Semanal

Útero Primigenio

Tu útero fue entregado a ti desde el inicio.
No ha sido un error ni una falta de juicio.
Conectando con tu vientre es como te libras de los prejuicios,
que te han hecho ser extranjera en tu cuerpo, vulnerándolo sin ningún beneficio.

Mes:_____

Fase: Folicular   Folicular   Ovulatoria   Lútea
      Menstrual   Pre-Ovulatoria   Pre-Menstrual

Ciclo No.

Día del mes / Día del ciclo

Día de la semana: L M X J V S D
Fase lunar de la semana: ● ◑ ○ ◑

Hoy soy Mujer:
Emoción predominante:
Mente:
Cuerpo físico:
Deseo del dia:
Miedo del día:
Actividad creativa: □ ○ △ ⬠

Día del mes / Día del ciclo

Día de la semana: L M X J V S D
Fase lunar de la semana: ● ◑ ○ ◑

Hoy soy Mujer:
Emoción predominante:
Mente:
Cuerpo físico:
Deseo del día:
Miedo del día:
Actividad creativa: □ ○ △ ⬠

Día del mes / Día del ciclo

Día de la semana: L M X J V S D
Fase lunar de la semana: ● ◑ ○ ◑

Hoy soy Mujer:
Emoción predominante:
Mente:
Cuerpo físico:
Deseo del día:
Miedo del día:
Actividad creativa: □ ○ △ ⬠

Día del mes / Día del ciclo

Día de la semana: L M X J V S D
Fase lunar de la semana: ● ◑ ○ ◑

Hoy soy Mujer:
Emoción predominante:
Mente:
Cuerpo físico:
Deseo del día:
Miedo del día:
Actividad creativa: □ ○ △ ⬠

Día del mes / Día del ciclo

Día de la semana: L M X J V S D
Fase lunar de la semana: ● ◑ ○ ◑

Hoy soy Mujer:
Emoción predominante:
Mente:
Cuerpo físico:
Deseo del dia:
Miedo del día:
Actividad creativa: □ ○ △ ⬠

Día del mes / Día del ciclo

Día de la semana: L M X J V S D
Fase lunar de la semana: ● ◑ ○ ◑

Hoy soy Mujer:
Emoción predominante:
Mente:
Cuerpo físico:
Deseo del día:
Miedo del día:
Actividad creativa: □ ○ △ ⬠

Día del mes / Día del ciclo

Día de la semana: L M X J V S D   Fase lunar de la semana: ● ◑ ○ ◑

Hoy soy Mujer:
Emoción predominante:
Mente:
Cuerpo físico:
Deseo del día:
Miedo del día:
Actividad creativa: □ ○ △ ⬠

Mes:_____

Otros Apuntes / Sueños del Ciclo

Dibujo libre/Escritura libre

Mandala Semanal

Reverberación Uterina

El agua en ti ondula de manera infinita,
haciendo que tus deseos reverberen en una espiral cíclica.
Y tu vientre destella su brillo sobre superficies poco nítidas,
para que así les de el foco de una visión sin juicios ni críticas.

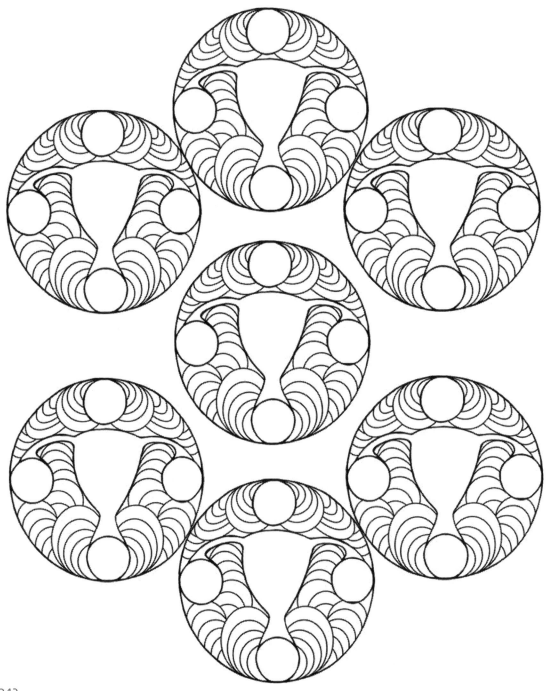

Mes: _____ Fase: Folicular Folicular Ovulatoria Lútea Ciclo No.
Menstrual Pre-Ovulatoria Pre-Menstrual

Día del mes / Día del ciclo
Día de la semana: L M X J V S D
Fase lunar de la semana: ● ◑ ○ ◐

Hoy soy Mujer:
Emoción predominante:
Mente:
Cuerpo físico:
Deseo del dia:
Miedo del día:
Actividad creativa: □○△⬠

Día del mes / Día del ciclo
Día de la semana: L M X J V S D
Fase lunar de la semana: ● ◑ ○ ◐

Hoy soy Mujer:
Emoción predominante:
Mente:
Cuerpo físico:
Deseo del día:
Miedo del día:
Actividad creativa: □○△⬠

Día del mes / Día del ciclo
Día de la semana: L M X J V S D
Fase lunar de la semana: ● ◑ ○ ◐

Hoy soy Mujer:
Emoción predominante:
Mente:
Cuerpo físico:
Deseo del día:
Miedo del día:
Actividad creativa: □○△⬠

Día del mes / Día del ciclo
Día de la semana: L M X J V S D
Fase lunar de la semana: ● ◑ ○ ◐

Hoy soy Mujer:
Emoción predominante:
Mente:
Cuerpo físico:
Deseo del día:
Miedo del día:
Actividad creativa: □○△⬠

Día del mes / Día del ciclo
Día de la semana: L M X J V S D
Fase lunar de la semana: ● ◑ ○ ◐

Hoy soy Mujer:
Emoción predominante:
Mente:
Cuerpo físico:
Deseo del dia:
Miedo del día:
Actividad creativa: □○△⬠

Día del mes / Día del ciclo
Día de la semana: L M X J V S D
Fase lunar de la semana: ● ◑ ○ ◐

Hoy soy Mujer:
Emoción predominante:
Mente:
Cuerpo físico:
Deseo del día:
Miedo del día:
Actividad creativa: □○△⬠

Día del mes / Día del ciclo
Día de la semana: L M X J V S D | Fase lunar de la semana: ● ◑ ○ ◐

Hoy soy Mujer:
Emoción predominante:
Mente:
Cuerpo físico:
Deseo del día:
Miedo del día:
Actividad creativa: □○△⬠

Mes:_____

Otros Apuntes / Sueños del Ciclo

Dibujo libre / Escritura libre

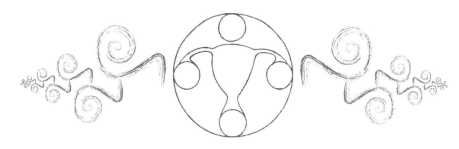

Centrifugando los Bucles Mentales a través de Mandalas

Un bucle mental es un pensamiento, o serie de pensamientos, que se repiten de manera infinita en nuestra mente con respecto a alguna situación de nuestra vida. Estas situaciones pueden ser del pasado, ya sean recientes o de hace mucho tiempo. O pueden ser acerca de situaciones futuras que aún no han ocurrido, pero en ellas proyectamos lo que podría ocurrir creando diversos escenarios. Los bucles mentales, son pensamientos rumiantes que nos mantienen estancados en una situación concreta sin una salida real, con cosas que pudiésemos haber hecho o cosas que podríamos hacer.

Los mandalas en general, no sólo los uterinos, nos permiten salir del bucle y ponernos en acción. Son una herramienta de meditación activa excelente para volcar en ellos nuestros pensamientos rumiantes y hacerles un proceso de centrifugado. Algo así como si los metiésemos en una lavadora para limpiarlos y depurarlos.

La creencia de que el acto de meditar es estar sentado en una postura estática y no pensar en nada, hace que esta práctica sea mentalmente, e incluso físicamente, inasequible para muchos. *Existen muchas maneras de meditar y el principal objetivo es aquietar la mente de la incesante actividad que nos impide disfrutar del momento presente, que nos mantiene en un constante bucle entre el pasado y el futuro, y que de una u otra forma nos termina generando ansiedad continua y frustración.* **Número uno**, para meditar no necesitas estar sentada y quieta. Eso dependerá del tipo de meditación que quieras hacer. Incluso el acto de cocinar una comida, puede considerarse meditar si, durante todo el proceso de elaboración, estás siempre con tu mente presente en lo que estás haciendo y no pensando en tus cosas (de trabajo, de la casa y hogar, de pareja, etc.) mientras estás elaborando la comida. **Número dos**, la arteterapia (y aquí van incluidos los mandalas) son una de las formas más extendidas de meditación que existen (aunque no conocieses que la arteterapia era un tipo de meditación), con comprobados beneficios para la salud anímica, mental e incluso física de la persona.

Cuando te encuentres atascada y sientas que estás atravesando un período (que puede comprender desde 24 horas hasta incluso semanas) de bucle mental, vuelca tu energía en colorear un mandala uterino. *Centrifuga tus pensamientos rumiantes para así limpiar tu estado anímico y permitir que tu potencial creativo femenino pueda enseñarte las respuestas que estabas buscando.*

Ciclo 9

Mandala Semanal
Energía Uterina Expansiva

Del silencio entre el tumulto, te escuchas por fin sincera y sin reparo.
Tú eres la semilla, eres el llanto y el canto.
Aquel que el mundo desde hace tiempo espera
para salir de su embrujado encanto.

Mes:_____ Fase: Folicular   Folicular   Ovulatoria   Lútea   Ciclo No.
                             Menstrual   Pre-Ovulatoria   Pre-Menstrual

Día del mes / Día del ciclo

Día de la semana: L M X J V S D
Fase lunar de la semana: ● ◑ ○ ◐

Hoy soy Mujer:
Emoción predominante:
Mente:
Cuerpo físico:
Deseo del dia:
Miedo del día:
Actividad creativa: □○△⬠

Día del mes / Día del ciclo

Día de la semana: L M X J V S D
Fase lunar de la semana: ● ◑ ○ ◐

Hoy soy Mujer:
Emoción predominante:
Mente:
Cuerpo físico:
Deseo del día:
Miedo del día:
Actividad creativa: □○△⬠

Día del mes / Día del ciclo

Día de la semana: L M X J V S D
Fase lunar de la semana: ● ◑ ○ ◐

Hoy soy Mujer:
Emoción predominante:
Mente:
Cuerpo físico:
Deseo del día:
Miedo del día:
Actividad creativa: □○△⬠

Día del mes / Día del ciclo

Día de la semana: L M X J V S D
Fase lunar de la semana: ● ◑ ○ ◐

Hoy soy Mujer:
Emoción predominante:
Mente:
Cuerpo físico:
Deseo del día:
Miedo del día:
Actividad creativa: □○△⬠

Día del mes / Día del ciclo

Día de la semana: L M X J V S D
Fase lunar de la semana: ● ◑ ○ ◐

Hoy soy Mujer:
Emoción predominante:
Mente:
Cuerpo físico:
Deseo del día:
Miedo del día:
Actividad creativa: □○△⬠

Día del mes / Día del ciclo

Día de la semana: L M X J V S D
Fase lunar de la semana: ● ◑ ○ ◐

Hoy soy Mujer:
Emoción predominante:
Mente:
Cuerpo físico:
Deseo del día:
Miedo del día:
Actividad creativa: □○△⬠

Día del mes / Día del ciclo

Día de la semana: L M X J V S D   Fase lunar de la semana: ● ◑ ○ ◐

Hoy soy Mujer:
Emoción predominante:
Mente:
Cuerpo físico:
Deseo del día:
Miedo del día:
Actividad creativa: □○△⬠

Mes:_____

Otros Apuntes / Sueños del Ciclo

Dibujo libre / Escritura libre

Mandala Semanal

Aguas Uterinas

En las aguas de tu vientre se mueve una marea.
Sumisa o implacable, según las emociones del día sean.
Siente su vaivén e interpreta sus tiempos,
porque ella es la que cuida de los dones que se encuentran en tu mar adentro.

Mes: _____   Fase: Folicular   Folicular   Ovulatoria   Lútea   Ciclo No.
                                        Menstrual Pre-Ovulatoria   Pre-Menstrual

Día del mes / Día del ciclo   Día de la semana: L M X J V S D
Fase lunar de la semana: ● ◐ ○ ◑

Hoy soy Mujer:
Emoción predominante:
Mente:
Cuerpo físico:
Deseo del día:
Miedo del día:
Actividad creativa: □○△⬠

Día del mes / Día del ciclo   Día de la semana: L M X J V S D
Fase lunar de la semana: ● ◐ ○ ◑

Hoy soy Mujer:
Emoción predominante:
Mente:
Cuerpo físico:
Deseo del día:
Miedo del día:
Actividad creativa: □○△⬠

Día del mes / Día del ciclo   Día de la semana: L M X J V S D
Fase lunar de la semana: ● ◐ ○ ◑

Hoy soy Mujer:
Emoción predominante:
Mente:
Cuerpo físico:
Deseo del día:
Miedo del día:
Actividad creativa: □○△⬠

Día del mes / Día del ciclo   Día de la semana: L M X J V S D
Fase lunar de la semana: ● ◐ ○ ◑

Hoy soy Mujer:
Emoción predominante:
Mente:
Cuerpo físico:
Deseo del día:
Miedo del día:
Actividad creativa: □○△⬠

Día del mes / Día del ciclo   Día de la semana: L M X J V S D
Fase lunar de la semana: ● ◐ ○ ◑

Hoy soy Mujer:
Emoción predominante:
Mente:
Cuerpo físico:
Deseo del dia:
Miedo del día:
Actividad creativa: □○△⬠

Día del mes / Día del ciclo   Día de la semana: L M X J V S D
Fase lunar de la semana: ● ◐ ○ ◑

Hoy soy Mujer:
Emoción predominante:
Mente:
Cuerpo físico:
Deseo del día:
Miedo del día:
Actividad creativa: □○△⬠

Día del mes / Día del ciclo   Día de la semana: L M X J V S D | Fase lunar de la semana: ● ◐ ○ ◑

Hoy soy Mujer:
Emoción predominante:
Mente:
Cuerpo físico:
Deseo del día:
Miedo del día:
Actividad creativa: □○△⬠

Mes:_____

Otros Apuntes / Sueños del Ciclo

Dibujo libre / Escritura libre

Mandala Semanal

Nido Uterino de Sueños

En tu capullo te refugias.
Tu transformación a la espera.
Porque tu ser se alimenta de los sueños
que tu vientre teje minuciosamente en su basta esfera.

Mes:_____ Fase: Folicular Folicular Ovulatoria Lútea Ciclo No.
                                      Menstrual Pre-Ovulatoria   Pre-Menstrual

Día del mes / Día del ciclo

Día de la semana: **L M X J V S D**
Fase lunar de la semana: ● ◑ ○ ◐

Hoy soy Mujer:
Emoción predominante:
Mente:
Cuerpo físico:
Deseo del dia:
Miedo del día:
Actividad creativa: □○△⬠

Día del mes / Día del ciclo

Día de la semana: **L M X J V S D**
Fase lunar de la semana: ● ◑ ○ ◐

Hoy soy Mujer:
Emoción predominante:
Mente:
Cuerpo físico:
Deseo del día:
Miedo del día:
Actividad creativa: □○△⬠

Día del mes / Día del ciclo

Día de la semana: **L M X J V S D**
Fase lunar de la semana: ● ◑ ○ ◐

Hoy soy Mujer:
Emoción predominante:
Mente:
Cuerpo físico:
Deseo del día:
Miedo del día:
Actividad creativa: □○△⬠

Día del mes / Día del ciclo

Día de la semana: **L M X J V S D**
Fase lunar de la semana: ● ◑ ○ ◐

Hoy soy Mujer:
Emoción predominante:
Mente:
Cuerpo físico:
Deseo del día:
Miedo del día:
Actividad creativa: □○△⬠

Día del mes / Día del ciclo

Día de la semana: **L M X J V S D**
Fase lunar de la semana: ● ◑ ○ ◐

Hoy soy Mujer:
Emoción predominante:
Mente:
Cuerpo físico:
Deseo del dia:
Miedo del día:
Actividad creativa: □○△⬠

Día del mes / Día del ciclo

Día de la semana: **L M X J V S D**
Fase lunar de la semana: ● ◑ ○ ◐

Hoy soy Mujer:
Emoción predominante:
Mente:
Cuerpo físico:
Deseo del día:
Miedo del día:
Actividad creativa: □○△⬠

Día del mes / Día del ciclo

Día de la semana: **L M X J V S D** | Fase lunar de la semana: ● ◑ ○ ◐

Hoy soy Mujer:
Emoción predominante:
Mente:
Cuerpo físico:
Deseo del día:
Miedo del día:
Actividad creativa: □○△⬠

Mes:_____

Otros Apuntes / Sueños del Ciclo

Dibujo libre / Escritura libre

Mandala Semanal

Coletazo Uterino

Con escamas marinas recubres tu piel sin cesar,
para navegar en tus emociones cual submarino en el fondo del mar.
Y das coletazos uterinos, moviendo el agua sin vacilar,
para ponerte en alerta y así impedir a tus sueños naufragar.

Mes: _____

Fase: Folicular Menstrual   Folicular Pre-Ovulatoria   Ovulatoria   Lútea Pre-Menstrual

Ciclo No.

Día del mes
Día del ciclo

Día de la semana: L M X J V S D
Fase lunar de la semana: ● ◑ ○ ◐

Hoy soy Mujer:
Emoción predominante:
Mente:
Cuerpo físico:
Deseo del dia:
Miedo del día:
Actividad creativa: □○△⬠

Día del mes
Día del ciclo

Día de la semana: L M X J V S D
Fase lunar de la semana: ● ◑ ○ ◐

Hoy soy Mujer:
Emoción predominante:
Mente:
Cuerpo físico:
Deseo del día:
Miedo del día:
Actividad creativa: □○△⬠

Día del mes
Día del ciclo

Día de la semana: L M X J V S D
Fase lunar de la semana: ● ◑ ○ ◐

Hoy soy Mujer:
Emoción predominante:
Mente:
Cuerpo físico:
Deseo del día:
Miedo del día:
Actividad creativa: □○△⬠

Día del mes
Día del ciclo

Día de la semana: L M X J V S D
Fase lunar de la semana: ● ◑ ○ ◐

Hoy soy Mujer:
Emoción predominante:
Mente:
Cuerpo físico:
Deseo del día:
Miedo del día:
Actividad creativa: □○△⬠

Día del mes
Día del ciclo

Día de la semana: L M X J V S D
Fase lunar de la semana: ● ◑ ○ ◐

Hoy soy Mujer:
Emoción predominante:
Mente:
Cuerpo físico:
Deseo del dia:
Miedo del día:
Actividad creativa: □○△⬠

Día del mes
Día del ciclo

Día de la semana: L M X J V S D
Fase lunar de la semana: ● ◑ ○ ◐

Hoy soy Mujer:
Emoción predominante:
Mente:
Cuerpo físico:
Deseo del día:
Miedo del día:
Actividad creativa: □○△⬠

Día del mes
Día del ciclo

Día de la semana: L M X J V S D   Fase lunar de la semana: ● ◑ ○ ◐

Hoy soy Mujer:
Emoción predominante:
Mente:
Cuerpo físico:
Deseo del día:
Miedo del día:
Actividad creativa: □○△⬠

Mes:_____

Otros Apuntes / Sueños del Ciclo

Dibujo libre / Escritura libre

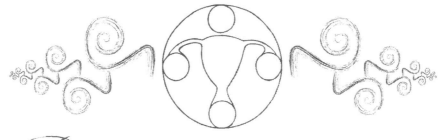

La Primavera, el Momento de Compartir Quiénes Somos

La primavera es la estación de la naturaleza que trae de nuevo vida al mundo. Es un nuevo despertar, mostrar lo que estaba dormido y escondido bajo el ambiente invernal de recogimiento y quietud. Es una invitación a irnos poniendo poco a poco en acción, dejando el cobijo de nuestra guarida para formar parte del mundo exterior.

A través de la primavera, tenemos una responsabilidad con el mundo de compartir nuestro yo real y nuestros dones. *Debemos dejar ver nuestra verdadera esencia y no mantenerla guardada en nuestro interior.* Eso implica no reprimir nuestra forma de ser, nuestros deseos y nuestro sentir, porque pensemos que es lo que se exije de nosotras en nuestros círculos sociales y nuestra cultura.

La emoción imperante durante la época de primavera es la compasión, entendida como el amor hacia los demás y hacia nosotras mismas. La manera de demostrar esa compasión, ese amor, es a través de compartir de forma generosa quiénes somos, nuestro yo real, nuestro ser esencial. *Cuando ocultamos al mundo, e incluso a nosotras mismas, partes clave de nuestra personalidad y forma de ser, generamos un estancamiento energético que incluso puede conllevar a la pérdida de identidad.* El no saber quiénes somos realmente a causa de adaptarnos a los demás de forma constante (buscando su aprobación), y el reprimir nuestros instintos y deseos, conllevará a que despleguemos y experimentemos emociones como la ira, la frustración, la culpa o la falta de flexibilidad.

Los órganos con mayor sensibilidad durante la época de primavera, según la medicina tradicional china, *son el hígado y la vesícula biliar*. El hígado es el encargado de filtrar y procesar nuestras emociones de ira, frustración y culpabilidad, mientras que la vesícula biliar es la encargada de nuestra flexibilidad ante las diversas situaciones de la vida. Cualquier trastorno o mal funcionamiento de estos órganos, debido a un exceso de emociones reprimidas, las veremos reflejadas, no sólo a nivel de síntomas físicos, sino emocionales y mentales también. Por ello, la importancia de saber quiénes somos en realidad, ya que así podremos establecer límites y ser firmes cuando transgredan nuestra verdad esencial.

Vuelca tus emociones de ira, frustración y culpalidad en los mandalas uterinos y permítete ser flexible al colorearlos. Ellos serán una herramienta de depuración y desintoxicación energética y emocional durante los meses de primavera.

Ciclo 10

Mandala Semanal

Langosta Uterina

Conectada con la luna, protegida por su manto.
Entre las aguas de las emociones te mueves, evitando vulnerar tu ternura y tu encanto.
Y elevas tus tenazas, buscando el camino de lo sagrado,
sabiendo que tu inconsciente es la puerta de tu espíritu creativo encarnado.

Mes:_____ Fase: **Folicular** **Folicular** Ovulatoria **Lútea** Ciclo No.
                                       Menstrual Pre-Ovulatoria   Pre-Menstrual

Día del mes / Día del ciclo   Día de la semana: **L M X J V S D**
                               Fase lunar de la semana: ● ◑ ○ ◐

Hoy soy Mujer:
Emoción predominante:
Mente:
Cuerpo físico:
Deseo del dia:
Miedo del día:
Actividad creativa: ☐○△⬠

Día del mes / Día del ciclo   Día de la semana: **L M X J V S D**
                               Fase lunar de la semana: ● ◑ ○ ◐

Hoy soy Mujer:
Emoción predominante:
Mente:
Cuerpo físico:
Deseo del día:
Miedo del día:
Actividad creativa: ☐○△⬠

Día del mes / Día del ciclo   Día de la semana: **L M X J V S D**
                               Fase lunar de la semana: ● ◑ ○ ◐

Hoy soy Mujer:
Emoción predominante:
Mente:
Cuerpo físico:
Deseo del día:
Miedo del día:
Actividad creativa: ☐○△⬠

Día del mes / Día del ciclo   Día de la semana: **L M X J V S D**
                               Fase lunar de la semana: ● ◑ ○ ◐

Hoy soy Mujer:
Emoción predominante:
Mente:
Cuerpo físico:
Deseo del día:
Miedo del día:
Actividad creativa: ☐○△⬠

Día del mes / Día del ciclo   Día de la semana: **L M X J V S D**
                               Fase lunar de la semana: ● ◑ ○ ◐

Hoy soy Mujer:
Emoción predominante:
Mente:
Cuerpo físico:
Deseo del dia:
Miedo del día:
Actividad creativa: ☐○△⬠

Día del mes / Día del ciclo   Día de la semana: **L M X J V S D**
                               Fase lunar de la semana: ● ◑ ○ ◐

Hoy soy Mujer:
Emoción predominante:
Mente:
Cuerpo físico:
Deseo del día:
Miedo del día:
Actividad creativa: ☐○△⬠

Día del mes / Día del ciclo   Día de la semana: **L M X J V S D** | Fase lunar de la semana: ● ◑ ○ ◐

Hoy soy Mujer:
Emoción predominante:
Mente:
Cuerpo físico:
Deseo del día:
Miedo del día:
Actividad creativa: ☐○△⬠

Mes:_____

Otros Apuntes / Sueños del Ciclo

Dibujo libre / Escritura libre

Mandala Semanal

Corazón Guerrero, Corazón Uterino

De las cuevas de tus sueños surge el deseo eterno.
Ves batallas y conquistas que hacen latir a tu pecho.
Y tu vientre se estremece al conectar con tu corazón guerrero,
porque juntos blanden la espada que impulsa a la mujer de fuego que llevas dentro.

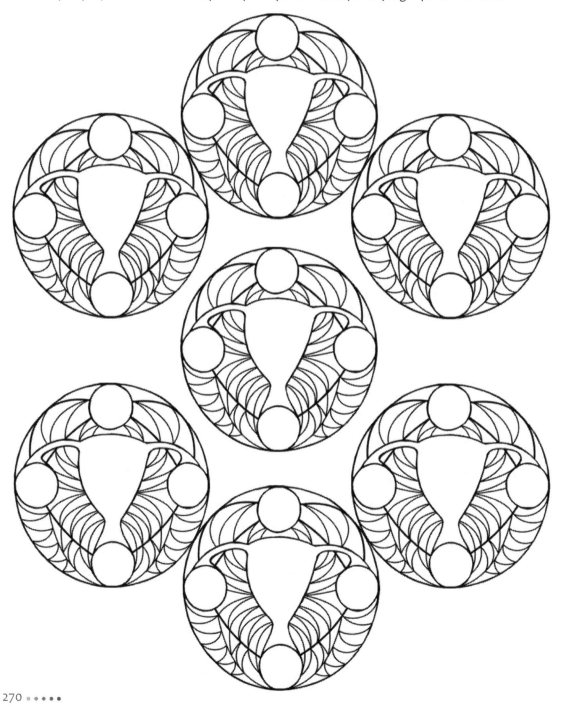

Mes: _____

Día del mes / Día del ciclo

Día de la semana: L M X J V S D
Fase lunar de la semana: ● ◑ ○ ◐

Hoy soy Mujer:
Emoción predominante:
Mente:
Cuerpo físico:
Deseo del día:
Miedo del día:
Actividad creativa: □ ○ △ ⬠

Día del mes / Día del ciclo

Día de la semana: L M X J V S D
Fase lunar de la semana: ● ◑ ○ ◐

Hoy soy Mujer:
Emoción predominante:
Mente:
Cuerpo físico:
Deseo del día:
Miedo del día:
Actividad creativa: □ ○ △ ⬠

Día del mes / Día del ciclo

Día de la semana: L M X J V S D
Fase lunar de la semana: ● ◑ ○ ◐

Hoy soy Mujer:
Emoción predominante:
Mente:
Cuerpo físico:
Deseo del día:
Miedo del día:
Actividad creativa: □ ○ △ ⬠

Día del mes / Día del ciclo

Día de la semana: L M X J V S D
Fase lunar de la semana: ● ◑ ○ ◐

Hoy soy Mujer:
Emoción predominante:
Mente:
Cuerpo físico:
Deseo del día:
Miedo del día:
Actividad creativa: □ ○ △ ⬠

Día del mes / Día del ciclo

Día de la semana: L M X J V S D
Fase lunar de la semana: ● ◑ ○ ◐

Hoy soy Mujer:
Emoción predominante:
Mente:
Cuerpo físico:
Deseo del día:
Miedo del día:
Actividad creativa: □ ○ △ ⬠

Día del mes / Día del ciclo

Día de la semana: L M X J V S D
Fase lunar de la semana: ● ◑ ○ ◐

Hoy soy Mujer:
Emoción predominante:
Mente:
Cuerpo físico:
Deseo del día:
Miedo del día:
Actividad creativa: □ ○ △ ⬠

Día del mes / Día del ciclo

Día de la semana: L M X J V S D | **Fase lunar de la semana:** ● ◑ ○ ◐

Hoy soy Mujer:
Emoción predominante:
Mente:
Cuerpo físico:
Deseo del día:
Miedo del día:
Actividad creativa: □ ○ △ ⬠

Mes:_____

Otros Apuntes / Sueños del Ciclo

Dibujo libre/Escritura libre

Mandala Semanal

Centrifugado Uterino

Dando vueltas es que regresas a tu centro.
Rápida. Furiosa. Necesitas vaciar los excesos.
Giras maravillada en un éxtasis excelso,
porque tu esencia de mujer renace cuando liberas tu luz y tu sombra sin miramientos.

Mes: _____ **Fase:** Folicular Menstrual Folicular Pre-Ovulatoria Ovulatoria Lútea Pre-Menstrual **Ciclo No.**

Día del mes / Día del ciclo

Día de la semana: L M X J V S D
Fase lunar de la semana: ● ◐ ○ ◑

Hoy soy Mujer:
Emoción predominante:
Mente:
Cuerpo físico:
Deseo del dia:
Miedo del día:
Actividad creativa: □ ○ △ ⬠

Día del mes / Día del ciclo

Día de la semana: L M X J V S D
Fase lunar de la semana: ● ◐ ○ ◑

Hoy soy Mujer:
Emoción predominante:
Mente:
Cuerpo físico:
Deseo del día:
Miedo del día:
Actividad creativa: □ ○ △ ⬠

Día del mes / Día del ciclo

Día de la semana: L M X J V S D
Fase lunar de la semana: ● ◐ ○ ◑

Hoy soy Mujer:
Emoción predominante:
Mente:
Cuerpo físico:
Deseo del día:
Miedo del día:
Actividad creativa: □ ○ △ ⬠

Día del mes / Día del ciclo

Día de la semana: L M X J V S D
Fase lunar de la semana: ● ◐ ○ ◑

Hoy soy Mujer:
Emoción predominante:
Mente:
Cuerpo físico:
Deseo del día:
Miedo del día:
Actividad creativa: □ ○ △ ⬠

Día del mes / Día del ciclo

Día de la semana: L M X J V S D
Fase lunar de la semana: ● ◐ ○ ◑

Hoy soy Mujer:
Emoción predominante:
Mente:
Cuerpo físico:
Deseo del dia:
Miedo del día:
Actividad creativa: □ ○ △ ⬠

Día del mes / Día del ciclo

Día de la semana: L M X J V S D
Fase lunar de la semana: ● ◐ ○ ◑

Hoy soy Mujer:
Emoción predominante:
Mente:
Cuerpo físico:
Deseo del día:
Miedo del día:
Actividad creativa: □ ○ △ ⬠

Día del mes / Día del ciclo

Día de la semana: L M X J V S D | Fase lunar de la semana: ● ◐ ○ ◑

Hoy soy Mujer:
Emoción predominante:
Mente:
Cuerpo físico:
Deseo del día:
Miedo del día:
Actividad creativa: □ ○ △ ⬠

Mes:_____

Otros Apuntes / Sueños del Ciclo

Dibujo libre / Escritura libre

Mandala Semanal
Útero Primigenio

Tu útero fue entregado a ti desde el inicio.
No ha sido un error ni una falta de juicio.
Conectando con tu vientre es como te libras de los prejuicios,
que te han hecho ser extranjera en tu cuerpo, vulnerándolo sin ningún beneficio.

Mes: _____

Fase: Folicular Menstrual   Folicular Pre-Ovulatoria   Ovulatoria   Lútea Pre-Menstrual

Ciclo No.

Día del mes / Día del ciclo

Día de la semana: L M X J V S D
Fase lunar de la semana: ● ◑ ○ ◐

Hoy soy Mujer:
Emoción predominante:
Mente:
Cuerpo físico:
Deseo del día:
Miedo del día:
Actividad creativa: □ ○ △ ⬠

Día del mes / Día del ciclo

Día de la semana: L M X J V S D
Fase lunar de la semana: ● ◑ ○ ◐

Hoy soy Mujer:
Emoción predominante:
Mente:
Cuerpo físico:
Deseo del día:
Miedo del día:
Actividad creativa: □ ○ △ ⬠

Día del mes / Día del ciclo

Día de la semana: L M X J V S D
Fase lunar de la semana: ● ◑ ○ ◐

Hoy soy Mujer:
Emoción predominante:
Mente:
Cuerpo físico:
Deseo del día:
Miedo del día:
Actividad creativa: □ ○ △ ⬠

Día del mes / Día del ciclo

Día de la semana: L M X J V S D
Fase lunar de la semana: ● ◑ ○ ◐

Hoy soy Mujer:
Emoción predominante:
Mente:
Cuerpo físico:
Deseo del día:
Miedo del día:
Actividad creativa: □ ○ △ ⬠

Día del mes / Día del ciclo

Día de la semana: L M X J V S D
Fase lunar de la semana: ● ◑ ○ ◐

Hoy soy Mujer:
Emoción predominante:
Mente:
Cuerpo físico:
Deseo del día:
Miedo del día:
Actividad creativa: □ ○ △ ⬠

Día del mes / Día del ciclo

Día de la semana: L M X J V S D
Fase lunar de la semana: ● ◑ ○ ◐

Hoy soy Mujer:
Emoción predominante:
Mente:
Cuerpo físico:
Deseo del día:
Miedo del día:
Actividad creativa: □ ○ △ ⬠

Día del mes / Día del ciclo

Día de la semana: L M X J V S D | Fase lunar de la semana: ● ◑ ○ ◐

Hoy soy Mujer:
Emoción predominante:
Mente:
Cuerpo físico:
Deseo del día:
Miedo del día:
Actividad creativa: □ ○ △ ⬠

Mes:_____

Otros Apuntes / Sueños del Ciclo

Dibujo libre / Escritura libre

La Importancia de la Contención y la Templanza en Verano

Verano. La estación de la naturaleza que ebulle con energía constante y necesidad de acción. Después del derpertar suscitado por la primavera, el verano entra con toda su potencia para darnos la energía necesaria que nos mantendrá en movimiento. Es una invitación a disfrutar de la vida, aprovechando las oportunidades que se nos presenten a través de la acción constante. Pero debido a su gran fuerza y potencia, se hace necesario mantener un equilibrio para no gastar esa energía extra. Por ello, es importante no ceder ante los arrebatos y excesos, de forma tal que estos no nos consuman. *A través de la contención, la templanza y la constancia, podemos conseguir el mantenimiento de la potente energía del verano,* como si fuese un combustible que nos ayudará a fluir durante toda la estación.

¿Y qué es la contención? Hay que pensar en la palabra "contención" como un recipiente, un lugar o espacio que "contiene" algo y permite que su contenido fluya dentro de él y esté, dándole diferentes vías de salida si es necesario. Si el recipiente no es lo suficientemente bueno, el contenido se dispersa y se va para todas partes, o "rebasa" cada dos por tres y no hay quién le pare o *contenga.* No puede haber contención sin un buen recipiente. *¿Y cómo se compagina la contención con la templanza?* La templanza, entendida como el acto de hacer las cosas con moderación, implica no ceder ante los excesos. Es decir, mantener un equilibrio. Requerimos de templanza para que nuestro recipiente otorgue las mejores alternativas de salida a nuestro contenido, cuando éste necesita salir al exterior.

Si no somos conscientes de todos nuestros rasgos de personalidad, qué nos hace estallar (de ira o euforia), lo que nos mueve y apasiona, o lo que nos estanca y genera frustración, *implicará que nuestro contenedor requiere de una optimización.* **Traducción**: debemos templar nuestros impulsos, para que estos no nos consuman velozmente y nos quedemos sin energía para vivir y disfrutar de la vida de manera plena.

Los órganos con mayor sensibilidad durante la época de verano, según la medicina tradicional china, *son el corazón y el intestino delgado.* El corazón es el encargado de sentir nuestra alegría de vivir (alegría o tristeza) y nuestros estados de euforia, mientras que el intestino delgado es el encargado de absorber los nutrientes de todas nuestras experiencias cotidianas. Sin un buen contenedor, optimizado con templanza, se nos hará difícil sentir al mundo y sentirnos a nosotras. Y muy probablemente nuestras emociones tiendan a los excesos de forma constante.

Templa tus excesos emocionales durante el verano a través de los mandalas uterinos. Ellos serán una herramienta de absorción de nutrientes, desecho o consciencia de situaciones tóxicas, así como también serán parte activa en el proceso de mejoramiento y optimización de tu recipiente/contenedor, es decir, tú en todas tus facetas.

Ciclo 11

Mandala Semanal

Nido Uterino de Sueños

En tu capullo te refugias.
Tu transformación a la espera.
Porque tu ser se alimenta de los sueños
que tu vientre teje minuciosamente en su basta esfera.

Mes:_____

Fase: Folicular Folicular Ovulatoria Lútea
       Menstrual Pre-Ovulatoria   Pre-Menstrual

Ciclo No.

Día del mes / Día del ciclo

Día de la semana: L M X J V S D
Fase lunar de la semana: ● ◑ ○ ◐

Hoy soy Mujer:
Emoción predominante:
Mente:
Cuerpo físico:
Deseo del día:
Miedo del día:
Actividad creativa: □○△⬠

Día del mes / Día del ciclo

Día de la semana: L M X J V S D
Fase lunar de la semana: ● ◑ ○ ◐

Hoy soy Mujer:
Emoción predominante:
Mente:
Cuerpo físico:
Deseo del día:
Miedo del día:
Actividad creativa: □○△⬠

Día del mes / Día del ciclo

Día de la semana: L M X J V S D
Fase lunar de la semana: ● ◑ ○ ◐

Hoy soy Mujer:
Emoción predominante:
Mente:
Cuerpo físico:
Deseo del día:
Miedo del día:
Actividad creativa: □○△⬠

Día del mes / Día del ciclo

Día de la semana: L M X J V S D
Fase lunar de la semana: ● ◑ ○ ◐

Hoy soy Mujer:
Emoción predominante:
Mente:
Cuerpo físico:
Deseo del día:
Miedo del día:
Actividad creativa: □○△⬠

Día del mes / Día del ciclo

Día de la semana: L M X J V S D
Fase lunar de la semana: ● ◑ ○ ◐

Hoy soy Mujer:
Emoción predominante:
Mente:
Cuerpo físico:
Deseo del dia:
Miedo del día:
Actividad creativa: □○△⬠

Día del mes / Día del ciclo

Día de la semana: L M X J V S D
Fase lunar de la semana: ● ◑ ○ ◐

Hoy soy Mujer:
Emoción predominante:
Mente:
Cuerpo físico:
Deseo del día:
Miedo del día:
Actividad creativa: □○△⬠

Día del mes / Día del ciclo

Día de la semana: L M X J V S D   Fase lunar de la semana: ● ◑ ○ ◐

Hoy soy Mujer:
Emoción predominante:
Mente:
Cuerpo físico:
Deseo del día:
Miedo del día:
Actividad creativa: □○△⬠

Mes:_____

Otros Apuntes / Sueños del Ciclo

Dibujo libre / Escritura libre

Mandala Semanal

Capullo Uterino

Una parte de ti muere.
Necesitas transformarte.
Porque en tu propia alquimia está la clave
para transmutar lo que realmente eres en algo brillante.

Mes: _____ Fase: Folicular   Folicular   Ovulatoria   Lútea   Ciclo No.
                                      Menstrual Pre-Ovulatoria   Pre-Menstrual

Día del mes / Día del ciclo   Día de la semana: L M X J V S D
                              Fase lunar de la semana: ● ◐ ○ ◐

Hoy soy Mujer:
Emoción predominante:
Mente:
Cuerpo físico:
Deseo del dia:
Miedo del día:
Actividad creativa: □ ○ △ ⬠

Día del mes / Día del ciclo   Día de la semana: L M X J V S D
                              Fase lunar de la semana: ● ◐ ○ ◐

Hoy soy Mujer:
Emoción predominante:
Mente:
Cuerpo físico:
Deseo del día:
Miedo del día:
Actividad creativa: □ ○ △ ⬠

Día del mes / Día del ciclo   Día de la semana: L M X J V S D
                              Fase lunar de la semana: ● ◐ ○ ◐

Hoy soy Mujer:
Emoción predominante:
Mente:
Cuerpo físico:
Deseo del dia:
Miedo del día:
Actividad creativa: □ ○ △ ⬠

Día del mes / Día del ciclo   Día de la semana: L M X J V S D
                              Fase lunar de la semana: ● ◐ ○ ◐

Hoy soy Mujer:
Emoción predominante:
Mente:
Cuerpo físico:
Deseo del día:
Miedo del día:
Actividad creativa: □ ○ △ ⬠

Día del mes / Día del ciclo   Día de la semana: L M X J V S D
                              Fase lunar de la semana: ● ◐ ○ ◐

Hoy soy Mujer:
Emoción predominante:
Mente:
Cuerpo físico:
Deseo del día:
Miedo del día:
Actividad creativa: □ ○ △ ⬠

Día del mes / Día del ciclo   Día de la semana: L M X J V S D
                              Fase lunar de la semana: ● ◐ ○ ◐

Hoy soy Mujer:
Emoción predominante:
Mente:
Cuerpo físico:
Deseo del día:
Miedo del día:
Actividad creativa: □ ○ △ ⬠

Día del mes / Día del ciclo   Día de la semana: L M X J V S D   Fase lunar de la semana: ● ◐ ○ ◐

Hoy soy Mujer:
Emoción predominante:
Mente:
Cuerpo físico:
Deseo del día:
Miedo del día:
Actividad creativa: □ ○ △ ⬠

Mes:_____

Otros Apuntes / Sueños del Ciclo

Dibujo libre / Escritura libre

Mandala Semanal

Desde el Vacío

Despojándote de todo.
Desnuda y en pie frente al vacío.
Abres tus semillas con aplomo,
esparciendo tu alma al mundo en un suspiro.

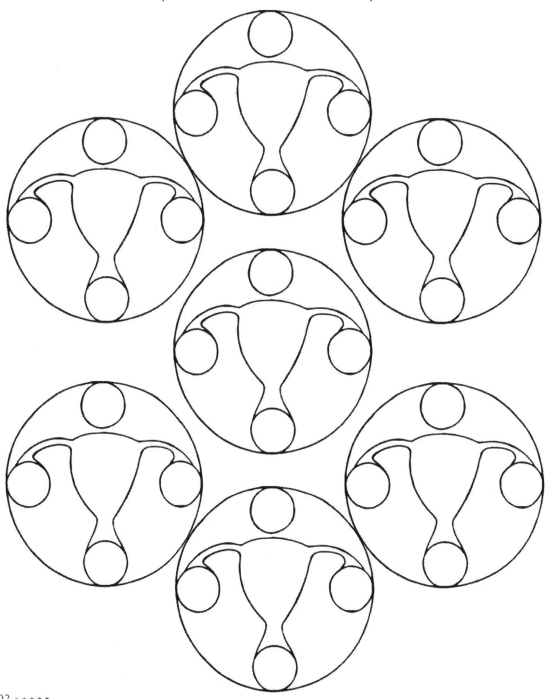

Mes: _____   Fase: Folicular   Folicular   Ovulatoria   Lútea   Ciclo No.
                                Menstrual   Pre-Ovulatoria   Pre-Menstrual

Día del mes / Día del ciclo   Día de la semana: L M X J V S D
Fase lunar de la semana: ● ◑ ○ ◐

Hoy soy Mujer:
Emoción predominante:
Mente:
Cuerpo físico:
Deseo del día:
Miedo del día:
Actividad creativa: □ ○ △ ⬠

Día del mes / Día del ciclo   Día de la semana: L M X J V S D
Fase lunar de la semana: ● ◑ ○ ◐

Hoy soy Mujer:
Emoción predominante:
Mente:
Cuerpo físico:
Deseo del día:
Miedo del día:
Actividad creativa: □ ○ △ ⬠

Día del mes / Día del ciclo   Día de la semana: L M X J V S D
Fase lunar de la semana: ● ◑ ○ ◐

Hoy soy Mujer:
Emoción predominante:
Mente:
Cuerpo físico:
Deseo del día:
Miedo del día:
Actividad creativa: □ ○ △ ⬠

Día del mes / Día del ciclo   Día de la semana: L M X J V S D
Fase lunar de la semana: ● ◑ ○ ◐

Hoy soy Mujer:
Emoción predominante:
Mente:
Cuerpo físico:
Deseo del día:
Miedo del día:
Actividad creativa: □ ○ △ ⬠

Día del mes / Día del ciclo   Día de la semana: L M X J V S D
Fase lunar de la semana: ● ◑ ○ ◐

Hoy soy Mujer:
Emoción predominante:
Mente:
Cuerpo físico:
Deseo del día:
Miedo del día:
Actividad creativa: □ ○ △ ⬠

Día del mes / Día del ciclo   Día de la semana: L M X J V S D
Fase lunar de la semana: ● ◑ ○ ◐

Hoy soy Mujer:
Emoción predominante:
Mente:
Cuerpo físico:
Deseo del día:
Miedo del día:
Actividad creativa: □ ○ △ ⬠

Día del mes / Día del ciclo   Día de la semana: L M X J V S D   Fase lunar de la semana: ● ◑ ○ ◐

Hoy soy Mujer:
Emoción predominante:
Mente:
Cuerpo físico:
Deseo del día:
Miedo del día:
Actividad creativa: □ ○ △ ⬠

Mes:_____

Otros Apuntes / Sueños del Ciclo

Dibujo libre / Escritura libre

Mandala Semanal

Aguas Uterinas

En las aguas de tu vientre se mueve una marea.
Sumisa o implacable, según las emociones del día sean.
Siente su vaivén e interpreta sus tiempos,
porque ella es la que cuida de los dones que se encuentran en tu mar adentro.

Mes:_____ Fase: Folicular Folicular Ovulatoria Lútea Ciclo No.
                                     Menstrual Pre-Ovulatoria   Pre-Menstrual

Día del mes / Día del ciclo Día de la semana: L M X J V S D
Fase lunar de la semana: ● ◐ ○ ◑

Hoy soy Mujer:
Emoción predominante:
Mente:
Cuerpo físico:
Deseo del dia:
Miedo del día:
Actividad creativa: □○△⬠

Día del mes / Día del ciclo Día de la semana: L M X J V S D
Fase lunar de la semana: ● ◐ ○ ◑

Hoy soy Mujer:
Emoción predominante:
Mente:
Cuerpo físico:
Deseo del día:
Miedo del día:
Actividad creativa: □○△⬠

Día del mes / Día del ciclo Día de la semana: L M X J V S D
Fase lunar de la semana: ● ◐ ○ ◑

Hoy soy Mujer:
Emoción predominante:
Mente:
Cuerpo físico:
Deseo del día:
Miedo del día:
Actividad creativa: □○△⬠

Día del mes / Día del ciclo Día de la semana: L M X J V S D
Fase lunar de la semana: ● ◐ ○ ◑

Hoy soy Mujer:
Emoción predominante:
Mente:
Cuerpo físico:
Deseo del día:
Miedo del día:
Actividad creativa: □○△⬠

Día del mes / Día del ciclo Día de la semana: L M X J V S D
Fase lunar de la semana: ● ◐ ○ ◑

Hoy soy Mujer:
Emoción predominante:
Mente:
Cuerpo físico:
Deseo del día:
Miedo del día:
Actividad creativa: □○△⬠

Día del mes / Día del ciclo Día de la semana: L M X J V S D
Fase lunar de la semana: ● ◐ ○ ◑

Hoy soy Mujer:
Emoción predominante:
Mente:
Cuerpo físico:
Deseo del día:
Miedo del día:
Actividad creativa: □○△⬠

Día del mes / Día del ciclo Día de la semana: L M X J V S D | Fase lunar de la semana: ● ◐ ○ ◑

Hoy soy Mujer:
Emoción predominante:
Mente:
Cuerpo físico:
Deseo del día:
Miedo del día:
Actividad creativa: □○△⬠

Mes:_____

Otros Apuntes / Sueños del Ciclo

Dibujo libre / Escritura libre

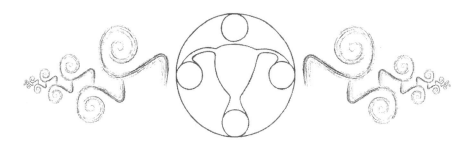

La Contemplación y la Nostalgia del Otoño

Otoño es el principio del viaje de descenso hacia nuestro interior. Así como la naturaleza va cambiando, los árboles pierden su manto de hojas, algunas especies de pájaros empiezan a migrar, etc., nosotras como entes vivos del ecosistema, también sufrimos un cambio que nos lleva a ir guardándonos hacia adentro (de forma consciente o inconsciente). *Es la estación que nos invita a contemplar todas nuestras experiencias, actitudes y creencias y nos conecta de forma sutil con nuestro pasado ancestral.*

Al contemplar nuestras experiencias pasadas, se remueve en nuestro interior el sentimiento de nostalgia. Por instantes, añoramos el volver a esos momentos para revivirlos por lo feliz que éramos, o para cambiarlos, porque sentimos que forman parte negativa de nuestra historia personal. En la contemplación no hay juicio, se trata de sentir y conectar sin apegarse a las emociones que puedan surgir de dichos recuerdos. No apegarse no significa que no sintamos. Si a través de un recuerdo surgen emociones de tristeza, ira, pena, desconcierto, miedo, o sus contrapartes alegría, esperanza, etc., la idea es sentirlas, dejar que nos atraviesen para que puedan fluir y hacer que continuemos nuestros ciclos. Si nos apegamos a una emoción y no dejamos que fluya, que siga su curso, estaremos evitando que ésta se disipe para dar paso y continuidad a una nueva emoción. Cuando nos apegamos a sentirnos de una determinada manera, **sufrimos**. *La contemplación nos otorga la oportunidad de observarnos desde la empatía y el amor, no desde el juicio y la victimización.*

Los órganos con mayor sensibilidad durante la época de otoño, según la medicina tradicional china, *son los pulmones y el intestino grueso.* Los pulmones son los encargados de el dolor (tanto físico, como mental y emocional), mientras que el intestino grueso es el encargadao de soltar/dejar ir las emociones, pensamientos o creencias que ya no nos sirven en un determinado momento. Si nos aferramos a un estado de ser y de sentir el mundo que nos rodea, no estaremos dejando espacio para vivir nuevas experiencias y nuevos ciclos de emoción. Debemos abrirnos al cambio.

Suelta tu dolor y las emociones que puedas estar reprimiendo en los mandalas uterinos. Ellos serán una herramienta de contemplación que te permitirán observar tus emociones en vez de aferrarte a ellas.

Ciclo 12

Mandala Semanal

Mariposa Uterina

De tu interior nacen las alas de una criatura dulce y delicada.
Mucho coraje te ha tomado la transformación de tu coraza.
Y le agradeces a tu cuerpo su fuerza para materializar los sueños de tu alma,
porque ahora puedes mirar al cielo con el corazón lleno de esperanza.

Mes:_____ Fase: Folicular Folicular Ovulatoria Lútea Ciclo No.
Menstrual Pre-Ovulatoria Pre-Menstrual

Día del mes / Día del ciclo

Día de la semana: L M X J V S D
Fase lunar de la semana: ● ◐ ○ ◑

Hoy soy Mujer:
Emoción predominante:
Mente:
Cuerpo físico:
Deseo del día:
Miedo del día:
Actividad creativa: □ ○ △ ⬠

Día del mes / Día del ciclo

Día de la semana: L M X J V S D
Fase lunar de la semana: ● ◐ ○ ◑

Hoy soy Mujer:
Emoción predominante:
Mente:
Cuerpo físico:
Deseo del día:
Miedo del día:
Actividad creativa: □ ○ △ ⬠

Día del mes / Día del ciclo

Día de la semana: L M X J V S D
Fase lunar de la semana: ● ◐ ○ ◑

Hoy soy Mujer:
Emoción predominante:
Mente:
Cuerpo físico:
Deseo del día:
Miedo del día:
Actividad creativa: □ ○ △ ⬠

Día del mes / Día del ciclo

Día de la semana: L M X J V S D
Fase lunar de la semana: ● ◐ ○ ◑

Hoy soy Mujer:
Emoción predominante:
Mente:
Cuerpo físico:
Deseo del día:
Miedo del día:
Actividad creativa: □ ○ △ ⬠

Día del mes / Día del ciclo

Día de la semana: L M X J V S D
Fase lunar de la semana: ● ◐ ○ ◑

Hoy soy Mujer:
Emoción predominante:
Mente:
Cuerpo físico:
Deseo del día:
Miedo del día:
Actividad creativa: □ ○ △ ⬠

Día del mes / Día del ciclo

Día de la semana: L M X J V S D
Fase lunar de la semana: ● ◐ ○ ◑

Hoy soy Mujer:
Emoción predominante:
Mente:
Cuerpo físico:
Deseo del día:
Miedo del día:
Actividad creativa: □ ○ △ ⬠

Día del mes / Día del ciclo

Día de la semana: L M X J V S D | Fase lunar de la semana: ● ◐ ○ ◑

Hoy soy Mujer:
Emoción predominante:
Mente:
Cuerpo físico:
Deseo del día:
Miedo del día:
Actividad creativa: □ ○ △ ⬠

Mes:_____

Otros Apuntes / Sueños del Ciclo

Dibujo libre / Escritura libre

Mandala Semanal

Reverberación Uterina

El agua en ti ondula de manera infinita,
haciendo que tus deseos reverberen en una espiral cíclica.
Y tu vientre destella su brillo sobre superficies poco nítidas,
para que así les de el foco de una visión sin juicios ni críticas.

Mes:_____ Fase: Folicular Folicular Ovulatoria Lútea Ciclo No.
Menstrual Pre-Ovulatoria Pre-Menstrual

Día del mes / Día del ciclo   Día de la semana: L M X J V S D
Fase lunar de la semana: ● ◑ ○ ◐

Hoy soy Mujer:
Emoción predominante:
Mente:
Cuerpo físico:
Deseo del dia:
Miedo del día:
Actividad creativa: □○△⬠

Día del mes / Día del ciclo   Día de la semana: L M X J V S D
Fase lunar de la semana: ● ◑ ○ ◐

Hoy soy Mujer:
Emoción predominante:
Mente:
Cuerpo físico:
Deseo del día:
Miedo del día:
Actividad creativa: □○△⬠

Día del mes / Día del ciclo   Día de la semana: L M X J V S D
Fase lunar de la semana: ● ◑ ○ ◐

Hoy soy Mujer:
Emoción predominante:
Mente:
Cuerpo físico:
Deseo del día:
Miedo del día:
Actividad creativa: □○△⬠

Día del mes / Día del ciclo   Día de la semana: L M X J V S D
Fase lunar de la semana: ● ◑ ○ ◐

Hoy soy Mujer:
Emoción predominante:
Mente:
Cuerpo físico:
Deseo del día:
Miedo del día:
Actividad creativa: □○△⬠

Día del mes / Día del ciclo   Día de la semana: L M X J V S D
Fase lunar de la semana: ● ◑ ○ ◐

Hoy soy Mujer:
Emoción predominante:
Mente:
Cuerpo físico:
Deseo del día:
Miedo del día:
Actividad creativa: □○△⬠

Día del mes / Día del ciclo   Día de la semana: L M X J V S D
Fase lunar de la semana: ● ◑ ○ ◐

Hoy soy Mujer:
Emoción predominante:
Mente:
Cuerpo físico:
Deseo del día:
Miedo del día:
Actividad creativa: □○△⬠

Día del mes / Día del ciclo   Día de la semana: L M X J V S D   Fase lunar de la semana: ● ◑ ○ ◐

Hoy soy Mujer:
Emoción predominante:
Mente:
Cuerpo físico:
Deseo del día:
Miedo del día:
Actividad creativa: □○△⬠

Mes: _____

Otros Apuntes / Sueños del Ciclo

Dibujo libre / Escritura libre

Mandala Semanal

Corazón Guerrero, Corazón Uterino

De las cuevas de tus sueños surge el deseo eterno.
Ves batallas y conquistas que hacen latir a tu pecho.
Y tu vientre se estremece al conectar con tu corazón guerrero,
porque juntos blanden la espada que impulsa a la mujer de fuego que llevas dentro.

Mes: _____

Fase: Folicular Menstrual | Folicular Pre-Ovulatoria | Ovulatoria | Lútea Pre-Menstrual

Ciclo No.

Día del mes / Día del ciclo

Día de la semana: L M X J V S D
Fase lunar de la semana: ● ◑ ○ ◐

Hoy soy Mujer:
Emoción predominante:
Mente:
Cuerpo físico:
Deseo del día:
Miedo del día:
Actividad creativa: □ ○ △ ⬠

Día del mes / Día del ciclo

Día de la semana: L M X J V S D
Fase lunar de la semana: ● ◑ ○ ◐

Hoy soy Mujer:
Emoción predominante:
Mente:
Cuerpo físico:
Deseo del día:
Miedo del día:
Actividad creativa: □ ○ △ ⬠

Día del mes / Día del ciclo

Día de la semana: L M X J V S D
Fase lunar de la semana: ● ◑ ○ ◐

Hoy soy Mujer:
Emoción predominante:
Mente:
Cuerpo físico:
Deseo del día:
Miedo del día:
Actividad creativa: □ ○ △ ⬠

Día del mes / Día del ciclo

Día de la semana: L M X J V S D
Fase lunar de la semana: ● ◑ ○ ◐

Hoy soy Mujer:
Emoción predominante:
Mente:
Cuerpo físico:
Deseo del día:
Miedo del día:
Actividad creativa: □ ○ △ ⬠

Día del mes / Día del ciclo

Día de la semana: L M X J V S D
Fase lunar de la semana: ● ◑ ○ ◐

Hoy soy Mujer:
Emoción predominante:
Mente:
Cuerpo físico:
Deseo del día:
Miedo del día:
Actividad creativa: □ ○ △ ⬠

Día del mes / Día del ciclo

Día de la semana: L M X J V S D
Fase lunar de la semana: ● ◑ ○ ◐

Hoy soy Mujer:
Emoción predominante:
Mente:
Cuerpo físico:
Deseo del día:
Miedo del día:
Actividad creativa: □ ○ △ ⬠

Día del mes / Día del ciclo

Día de la semana: L M X J V S D
Fase lunar de la semana: ● ◑ ○ ◐

Hoy soy Mujer:
Emoción predominante:
Mente:
Cuerpo físico:
Deseo del día:
Miedo del día:
Actividad creativa: □ ○ △ ⬠

Mes:_____

Otros Apuntes / Sueños del Ciclo

Dibujo libre / Escritura libre

Mandala Semanal

Águila de Fuego, Águila Uterina

De mitos y leyendas se alimenta tu dolor,
desangrando tus alas en un ritual cíclico de tortura, desprecio y terror.
Y sólo cuando conviertas tu sangre en fuego, conectando a tu vientre con tu corazón,
es que tu águila sagrada te enseñará al ser creativo que reprimes en tu interior.

Mes:_____

Fase: Folicular   Folicular   Lútea   Ciclo No.
       Menstrual Pre-Ovulatoria Ovulatoria Pre-Menstrual

Día del mes / Día del ciclo

Día de la semana: L M X J V S D
Fase lunar de la semana: ● ◐ ○ ◑

Hoy soy Mujer:
Emoción predominante:
Mente:
Cuerpo físico:
Deseo del día:
Miedo del día:
Actividad creativa: □ ○ △ ⬠

Día del mes / Día del ciclo

Día de la semana: L M X J V S D
Fase lunar de la semana: ● ◑ ○ ◑

Hoy soy Mujer:
Emoción predominante:
Mente:
Cuerpo físico:
Deseo del día:
Miedo del día:
Actividad creativa: □ ○ △ ⬠

Día del mes / Día del ciclo

Día de la semana: L M X J V S D
Fase lunar de la semana: ● ◑ ○ ◑

Hoy soy Mujer:
Emoción predominante:
Mente:
Cuerpo físico:
Deseo del día:
Miedo del día:
Actividad creativa: □ ○ △ ⬠

Día del mes / Día del ciclo

Día de la semana: L M X J V S D
Fase lunar de la semana: ● ◑ ○ ◑

Hoy soy Mujer:
Emoción predominante:
Mente:
Cuerpo físico:
Deseo del día:
Miedo del día:
Actividad creativa: □ ○ △ ⬠

Día del mes / Día del ciclo

Día de la semana: L M X J V S D
Fase lunar de la semana: ● ◐ ○ ◑

Hoy soy Mujer:
Emoción predominante:
Mente:
Cuerpo físico:
Deseo del día:
Miedo del día:
Actividad creativa: □ ○ △ ⬠

Día del mes / Día del ciclo

Día de la semana: L M X J V S D
Fase lunar de la semana: ● ◑ ○ ◑

Hoy soy Mujer:
Emoción predominante:
Mente:
Cuerpo físico:
Deseo del día:
Miedo del día:
Actividad creativa: □ ○ △ ⬠

Día del mes / Día del ciclo

Día de la semana: L M X J V S D   Fase lunar de la semana: ● ◑ ○ ◑

Hoy soy Mujer:
Emoción predominante:
Mente:
Cuerpo físico:
Deseo del día:
Miedo del día:
Actividad creativa: □ ○ △ ⬠

Mes:_____

Otros Apuntes / Sueños del Ciclo

Dibujo libre/Escritura libre

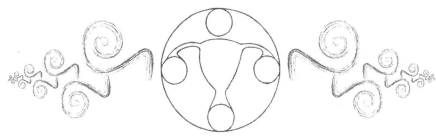

La Incertidumbre que infunde el Invierno

Las horas de oscuridad imperan en el invierno y la naturaleza descansa, haciendo una pausa para regenerarse, volver a su centro y concentrarse en sus raíces. Sólo así, podrá volver a salir y mostrarnos su belleza en primavera, sólo así podrá cambiar y mostrarnos la sutileza de su evolución. *El invierno nos invita a estar quietas, resguardadas, cuidando de nuestro ser interior, cuidando de quiénes somos, para así poder mostrar luego al mundo nuestra belleza.*

El invierno además nos recuerda que la vida es cambio, la vida es incertidumbre. Con la incertidumbre aparecen los miedos a lo desconocido. Es así como la atención plena cobra importancia durante esta estación del año. *La atención plena, la firmeza y la voluntad nos permiten mantenernos en nuestro centro, en la raíz de quiénes somos.* Sólo desde nuestro centro podemos afrontar la incertidumbre de la vida, sólo desde la firmeza y la voluntad de quiénes somos, podemos dejar fluir a la incertidumbre para que no se convierta en miedo. Si aceptamos esto y estamos con atención plena, podemos escoger nuestro camino en vez de simplemente dejarnos llevar. La inconsciencia de quiénes somos realmente y lo que nos mueve, hace que vayamos dando tumbos contra el muro de la frustración por no poder controlar. Nada se controla. El control exige restricción y las restricciones asfixian al inconsciente y al alma. La incertidumbre, por tanto, se gestiona, no se controla. ¿Cómo pretendemos controlar algo que no sabemos con exactitud si ocurrirá o no? *Al estar alerta (atención plena), me hago consciente de los cambios, de las señales, y sólo así puedo gestionar lo que no sé, estando atenta. Si atiendo, gestiono. Si controlo, reacciono.*

Los órganos con mayor sensibilidad durante la época de invierno, según la medicina tradicional china, *son los riñones y la vejiga.* Los riñones son los encargados de gestionar los miedos viscerales y profundos de nuestro ser (gestionan el agua del cuerpo, las emociones), mientras que la vejiga es la encargada de ejecutar nuestras acciones y tiene que ver con el ímpetu y la voluntad. No todos los miedos son malos. Hay miedos que nos movilizan y miedos que nos paralizan. Si nos mantenemos con atención plena, será más fácil sortear nuestras emociones de miedo, movilizándonos al cambio, fluyendo con la incertidumbre.

Expresa tus miedos y tu necesidad de controlar la incertidumbre a través de los mandalas uterinos. Ellos serán una herramienta de drenaje que te impulsarán a la acción en vez de a la reacción.

Ciclo 13

Mandala Semanal

Centrifugado Uterino

Dando vueltas es que regresas a tu centro.
Rápida. Furiosa. Necesitas vaciar los excesos.
Giras maravillada en un éxtasis excelso,
porque tu esencia de mujer renace cuando liberas tu luz y tu sombra sin miramientos.

Mes: _____

Fase: Folicular Menstrual · Folicular Pre-Ovulatoria · Ovulatoria · Lútea Pre-Menstrual

Ciclo No.

Día del mes / Día del ciclo

Día de la semana: L M X J V S D

Fase lunar de la semana: ● ◑ ○ ◐

Hoy soy Mujer:

Emoción predominante:

Mente:

Cuerpo físico:

Deseo del dia:

Miedo del día:

Actividad creativa: □ ○ △ ⬠

Día del mes / Día del ciclo

Día de la semana: L M X J V S D

Fase lunar de la semana: ● ◑ ○ ◐

Hoy soy Mujer:

Emoción predominante:

Mente:

Cuerpo físico:

Deseo del día:

Miedo del día:

Actividad creativa: □ ○ △ ⬠

Día del mes / Día del ciclo

Día de la semana: L M X J V S D

Fase lunar de la semana: ● ◑ ○ ◐

Hoy soy Mujer:

Emoción predominante:

Mente:

Cuerpo físico:

Deseo del día:

Miedo del día:

Actividad creativa: □ ○ △ ⬠

Día del mes / Día del ciclo

Día de la semana: L M X J V S D

Fase lunar de la semana: ● ◑ ○ ◐

Hoy soy Mujer:

Emoción predominante:

Mente:

Cuerpo físico:

Deseo del día:

Miedo del día:

Actividad creativa: □ ○ △ ⬠

Día del mes / Día del ciclo

Día de la semana: L M X J V S D

Fase lunar de la semana: ● ◑ ○ ◐

Hoy soy Mujer:

Emoción predominante:

Mente:

Cuerpo físico:

Deseo del dia:

Miedo del día:

Actividad creativa: □ ○ △ ⬠

Día del mes / Día del ciclo

Día de la semana: L M X J V S D

Fase lunar de la semana: ● ◑ ○ ◐

Hoy soy Mujer:

Emoción predominante:

Mente:

Cuerpo físico:

Deseo del día:

Miedo del día:

Actividad creativa: □ ○ △ ⬠

Día del mes / Día del ciclo

Día de la semana: L M X J V S D

Fase lunar de la semana: ● ◑ ○ ◐

Hoy soy Mujer:

Emoción predominante:

Mente:

Cuerpo físico:

Deseo del día:

Miedo del día:

Actividad creativa: □ ○ △ ⬠

Mes:_____

Otros Apuntes / Sueños del Ciclo

Dibujo libre/Escritura libre

Mandala Semanal
Langosta Uterina

Conectada con la luna, protegida por su manto.
Entre las aguas de las emociones te mueves, evitando vulnerar tu ternura y tu encanto.
Y elevas tus tenazas, buscando el camino de lo sagrado,
sabiendo que tu inconsciente es la puerta de tu espíritu creativo encarnado.

Mes: _____

Día del mes / Día del ciclo

Día de la semana: **L M X J V S D**
Fase lunar de la semana: ● ◑ ○ ◐

Hoy soy Mujer:
Emoción predominante:
Mente:
Cuerpo físico:
Deseo del dia:
Miedo del día:
Actividad creativa: □ ○ △ ◇

Día del mes / Día del ciclo

Día de la semana: **L M X J V S D**
Fase lunar de la semana: ● ◑ ○ ◐

Hoy soy Mujer:
Emoción predominante:
Mente:
Cuerpo físico:
Deseo del día:
Miedo del día:
Actividad creativa: □ ○ △ ◇

Día del mes / Día del ciclo

Día de la semana: **L M X J V S D**
Fase lunar de la semana: ● ◑ ○ ◐

Hoy soy Mujer:
Emoción predominante:
Mente:
Cuerpo físico:
Deseo del día:
Miedo del día:
Actividad creativa: □ ○ △ ◇

Día del mes / Día del ciclo

Día de la semana: **L M X J V S D**
Fase lunar de la semana: ● ◑ ○ ◐

Hoy soy Mujer:
Emoción predominante:
Mente:
Cuerpo físico:
Deseo del día:
Miedo del día:
Actividad creativa: □ ○ △ ◇

Día del mes / Día del ciclo

Día de la semana: **L M X J V S D**
Fase lunar de la semana: ● ◑ ○ ◐

Hoy soy Mujer:
Emoción predominante:
Mente:
Cuerpo físico:
Deseo del dia:
Miedo del día:
Actividad creativa: □ ○ △ ◇

Día del mes / Día del ciclo

Día de la semana: **L M X J V S D**
Fase lunar de la semana: ● ◑ ○ ◐

Hoy soy Mujer:
Emoción predominante:
Mente:
Cuerpo físico:
Deseo del día:
Miedo del día:
Actividad creativa: □ ○ △ ◇

Día del mes / Día del ciclo

Día de la semana: **L M X J V S D**
Fase lunar de la semana: ● ◑ ○ ◐

Hoy soy Mujer:
Emoción predominante:
Mente:
Cuerpo físico:
Deseo del día:
Miedo del día:
Actividad creativa: □ ○ △ ◇

Mes:_____

Otros Apuntes / Sueños del Ciclo

Dibujo libre/Escritura libre

Mandala Semanal

Energía Uterina Expansiva

Del silencio entre el tumulto, te escuchas por fin sincera y sin reparo.
Tú eres la semilla, eres el llanto y el canto.
Aquel que el mundo desde hace tiempo espera
para salir de su embrujado encanto.

Mes:_____ Fase: Folicular Folicular Ovulatoria Lútea Ciclo No.
Menstrual Pre-Ovulatoria Pre-Menstrual

Día del mes
Día del ciclo
Día de la semana: L M X J V S D
Fase lunar de la semana: ● ◑ ○ ◐

Hoy soy Mujer:
Emoción predominante:
Mente:
Cuerpo físico:
Deseo del dia:
Miedo del día:
Actividad creativa: □○△⬠

Día del mes
Día del ciclo
Día de la semana: L M X J V S D
Fase lunar de la semana: ● ◑ ○ ◐

Hoy soy Mujer:
Emoción predominante:
Mente:
Cuerpo físico:
Deseo del día:
Miedo del día:
Actividad creativa: □○△⬠

Día del mes
Día del ciclo
Día de la semana: L M X J V S D
Fase lunar de la semana: ● ◑ ○ ◐

Hoy soy Mujer:
Emoción predominante:
Mente:
Cuerpo físico:
Deseo del día:
Miedo del día:
Actividad creativa: □○△⬠

Día del mes
Día del ciclo
Día de la semana: L M X J V S D
Fase lunar de la semana: ● ◑ ○ ◐

Hoy soy Mujer:
Emoción predominante:
Mente:
Cuerpo físico:
Deseo del día:
Miedo del día:
Actividad creativa: □○△⬠

Día del mes
Día del ciclo
Día de la semana: L M X J V S D
Fase lunar de la semana: ● ◑ ○ ◐

Hoy soy Mujer:
Emoción predominante:
Mente:
Cuerpo físico:
Deseo del dia:
Miedo del día:
Actividad creativa: □○△⬠

Día del mes
Día del ciclo
Día de la semana: L M X J V S D
Fase lunar de la semana: ● ◑ ○ ◐

Hoy soy Mujer:
Emoción predominante:
Mente:
Cuerpo físico:
Deseo del día:
Miedo del día:
Actividad creativa: □○△⬠

Día del mes
Día del ciclo
Día de la semana: L M X J V S D | Fase lunar de la semana: ● ◑ ○ ◐

Hoy soy Mujer:
Emoción predominante:
Mente:
Cuerpo físico:
Deseo del día:
Miedo del día:
Actividad creativa: □○△⬠

Mes:_____

Otros Apuntes / Sueños del Ciclo

Dibujo libre/Escritura libre

Mandala Semanal

Desde el Vacío

Despojándote de todo.
Desnuda y en pie frente al vacío.
Abres tus semillas con aplomo,
esparciendo tu alma al mundo en un suspiro.

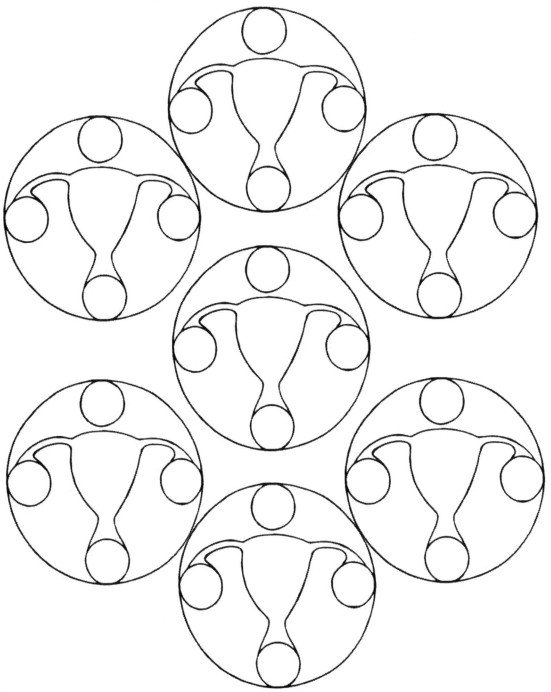

Mes:_____   Fase: Folicular   Folicular   Ovulatoria   Lútea   Ciclo No.
                                         Menstrual   Pre-Ovulatoria   Pre-Menstrual

Día del mes / **Día del ciclo**   Día de la semana: L M X J V S D
                                        Fase lunar de la semana: ● ◐ ○ ◑

Hoy soy Mujer:
Emoción predominante:
Mente:
Cuerpo físico:
Deseo del dia:
Miedo del día:
Actividad creativa: □○△⬠

Día del mes / **Día del ciclo**   Día de la semana: L M X J V S D
                                        Fase lunar de la semana: ● ◐ ○ ◑

Hoy soy Mujer:
Emoción predominante:
Mente:
Cuerpo físico:
Deseo del día:
Miedo del día:
Actividad creativa: □○△⬠

Día del mes / **Día del ciclo**   Día de la semana: L M X J V S D
                                        Fase lunar de la semana: ● ◐ ○ ◑

Hoy soy Mujer:
Emoción predominante:
Mente:
Cuerpo físico:
Deseo del día:
Miedo del día:
Actividad creativa: □○△⬠

Día del mes / **Día del ciclo**   Día de la semana: L M X J V S D
                                        Fase lunar de la semana: ● ◐ ○ ◑

Hoy soy Mujer:
Emoción predominante:
Mente:
Cuerpo físico:
Deseo del día:
Miedo del día:
Actividad creativa: □○△⬠

Día del mes / **Día del ciclo**   Día de la semana: L M X J V S D
                                        Fase lunar de la semana: ● ◐ ○ ◑

Hoy soy Mujer:
Emoción predominante:
Mente:
Cuerpo físico:
Deseo del día:
Miedo del día:
Actividad creativa: □○△⬠

Día del mes / **Día del ciclo**   Día de la semana: L M X J V S D
                                        Fase lunar de la semana: ● ◐ ○ ◑

Hoy soy Mujer:
Emoción predominante:
Mente:
Cuerpo físico:
Deseo del día:
Miedo del día:
Actividad creativa: □○△⬠

Día del mes / **Día del ciclo**   Día de la semana: L M X J V S D | Fase lunar de la semana: ● ◐ ○ ◑

Hoy soy Mujer:
Emoción predominante:
Mente:
Cuerpo físico:
Deseo del día:
Miedo del día:
Actividad creativa: □○△⬠

Mes:_____

Otros Apuntes / Sueños del Ciclo

Dibujo libre/Escritura libre

Fin del
Registro de 13 Ciclos

Pero tu viaje no termina aquí.

Tus ciclos te acompañarán toda la vida, incluso cuando ya no menstrúes. Así que continúa tu labor de registro y conocimiento sobre ti misma, expande tu potencial creativo cada día más y por favor, no dejes que ojos externos definan lo que tú eres.

El conocimiento de ti misma a lo largo de todos tus ciclos menstruales serán una valiosa guía de conocimiento personal que te ayudarán a lo largo de toda tu vida. Mientras más sepas sobre ti, más llevadero se te hará el camino a lo largo de todas tus etapas como mujer. Recuerda que siempre mantendrás una conexión con la luna y las estaciones y mientras más estrecho sea el vínculo con tu útero, más conectada te sentirás con los cambios que ocurren de forma cíclica en el mundo exterior. Sólo tú puedes entender a tu cuerpo (si has aprendido a escucharlo) y de ti depende aceptarte de manera integral. Eso será clave para que te sientas cómoda en tu propia piel hasta el día en que te mueras.

Bibliografía

GRAY, MIRANDA. (2010). Luna roja: Emplea los dones creativos, sexuales y espirituales del ciclo menstrual. Madrid, Gaia Ediciones.

GRAY, MIRANDA. (2014). Las 4 fases de la luna roja: Cómo sacar partido a cada fase de tu ciclo menstrual. Madrid, Gaia Ediciones.

IRUSTA, ERIKA. (2016). Diario de un cuerpo. Barcelona, Casa Catedral.

PÉREZ SAN MARTÍN, PABLA. (2015). Manual introductorio a la ginecología natural. Santiago de Chile, Ginecosofía Ediciones.

Ideas Adicionales para el Registro Semanal

Diagrama Lunar de Miranda Gray – Explicación de Miranda Gray sobre qué aspectos apuntar en el **Diagrama Lunar** lo encontrarás en su apartado **La influencia de la luna** en su libro **Luna Roja** (Gaia Ediciones, 2010. Quinta reimpresión, 2014). **p.111**

Metodología de Erika Irusta en "Diario de Un Cuerpo" – Para mí fue de gran ayuda e inspiración leer el libro de Erika Irusta **Diario de un Cuerpo** al completo. En las páginas de introducción, ella explica la metodología que utilizó al escribir su libro describiendo los conceptos que utiliza a lo largo del recuento de sus tres ciclos. En cada día de cada fase de sus ciclos ella utiliza las siguientes palabras: **cerebro, cuerpo, flujo, fase, sensación del día, miedo, deseo, qué soy hoy, nivel de sociabilidad, escucho y libro en la mesilla**. Estas palabras son el elemento principal de recopilación de información para así poder describir en cada uno de los días su estado físico, anímico y mental. Si tienes el libro o alguna amiga lo tiene, léete de las páginas 27 a la 31 (Catedral Ediciones, 2016).

Diagrama Lunar de Mujer Cíclica - Sophia Style (http://www.calendario-365.es/luna/calendario-lunar.html) – En este enlace encontrarás para descargar un diagrama lunar básico más un resumen elaborado por Sophia Style del trabajo de Miranda Gray. Si prefieres rellenar un diagrama con otros datos distintos a los que están presentes en este cuaderno de trabajo, aquí tienes un enlace con una guía de todas las cosas que puedes apuntar en tu diagrama. En todo caso, recuerda que siempre puedes agregar esos datos adicionales en la hoja de **Otros Apuntes/Sueños del ciclo**.

Recursos Recomendados

Fases de la luna (http://www.calendario-365.es/luna/calendario-lunar.html) – Sitio web en donde podréis verificar las fechas en el calendario en los que cae la luna nueva, la luna creciente, luna llena y luna menguante para poder así colocarlo en vuestro diagrama lunar.

Vídeo "La Luna en ti" (https://vimeo.com/34216239) – Se trata de un documental que muestra un viaje hacia las raíces más profundas de la feminidad y la vida. Analiza lo que actualmente continúa siendo un tabú en nuestra sociedad moderna tanto para hombres como para mujeres: la menstruación. Con ironía y humor se profundiza en el tema a través de referencias personales y colectivas, desafiando nuestras ideas preconcebidas sobre la feminidad.

Vídeo "Siembra de la luna" (https://www.youtube.com/watch?v=5RVg1QlGYjk) - Este video muestra no sólo la importancia de estar conectadas a nuestro proceso menstrual, sino el valor de ofrendar nuestra sangre sagrada y cómo llevar a cabo dicho ritual. Valiéndonos de flores, cristales y del poder de la intención, nos enseña a sembrar nuestra luna, a mejorar la conexión con nuestro ciclo menstrual y a generar espacios que permitan observarnos, conocernos y por sobre todas las cosas, respetarnos a nosotras mismas y a nuestra útero.

Blogs y webs de interés relacionados con el ciclo menstrual

El Camino Rubí (http://www.elcaminorubi.com/) – Este proyecto lo dirige Erika Irusta y en su web encontrarás de todo. A mí particularmente me encanta su estilo fresco y abierto para tratar estos temas de la menstruación y lo que implica para nosotras las mujeres. Otro de sus proyectos adjuntos es la Comunidad-Escuela de "Soy 1, soy 4", integrando así el concepto de que cada mujer es mínimo cuatro mujeres en una, incluso más. Si te inscribes a su boletín, tendrás en tu bandeja de entrada cada cierto tiempo un pedacito de humor con noticias sobre su comunidad educativa, algún escrito que haya hecho en el blog, en fin, que te mantiene informada.

Mujer Cíclica (http://mujerciclica.com/blog/) – Este proyecto lo dirige Sophia Style, quien hace un curso on-line llamado "Las cuatro lunas en mí" y una formación llamada "El camino de la facilitadora" por si eres de las que desea conocer e interactuar más a fondo con los arquetipos femeninos, su relación con el ciclo lunar y nuestro ciclo menstrual. También, encontrarás en su sección del blog lecturas fascinantes, interesantes y cautivadoras, todas en aras de comprendernos mejor como mujeres y darnos recursos para conocernos más a nosotras mismas, a nuestros cuerpos y de esta forma aceptarnos tal cual somos, cíclicas.

Viaje al Ciclo Menstrual (http://viajealciclomenstrual.com/blog/) – Este proyecto lo dirige Ana Salvia Rivera, una madre, psicóloga, terapeuta y escritora catalana quien en su sección de blog tiene varios artículos muy interesantes acerca del ciclo menstrual. En sus líneas muchas podemos sentirnos reflejadas a la vez que vamos comprendiendo ciertos aspectos de nuestro ciclo y cómo influyen en nuestro cuerpo, mente y emociones.

Estudio sobre el Útero (http://estudiosobreelutero.blogspot.com.es) – En este blog de Mónica FelipeLarralde encontramos de todo un poco. No sólo con respecto a la temática del ciclo menstrual, sino también sobre maternidad, lactancia y muchos otros temas relacionados con la salud de la mujer en este nuestro mundo occidental. De verdad que este blog no tiene desperdicio.

Cuentas de Instagram de interés sobre el ciclo menstrual, salud hormonal y el cuidado de nuestro suelo pélvico

Soy Tu Menstruación (@soytumenstruacion) – Es la cuenta de Xuxa Sanz, enfermera, activista de la salud menstrual y femenina y todo lo que tiene que ver con la educación en estos temas. Para un conocimiento fisiológico de cómo funciona tu útero y tu ciclo menstrual y algunas patologías o enfermedades relacionadas con nuestro aparato reproductor. En su cuenta encontrarás contenido de mucho valor si quieres conocer más acerca de cómo funciona tu cuerpo de mujer.

Food Green Mood (@foodgreenmood) – Es la cuenta de Marta León, médica naturista y nutricionista, dedicada a compartir sus conocimientos sobre alimentación natural y salud femenina promoviendo de forma activa y constante el reequilibrio de nuestra salud hormonal a través de la alimentación. Hace muchos LIVE o Directos en Instagram los cuales son de muchísimo valor, explicando de forma sensilla, amorosa y excelente muchos temas de vital interés para la mujer en los tiempos actuales. Seguir su cuenta es cuidar tu salud física, menstrual y hormonal.

Marta Torrón (@martatorron) – Es la cuenta de Marta Torrón, fisiosexóloga, se dedica a que descubras o redescubras el placer que puede generar tu cuerpo de mujer en sus distintas fascetas promoviendo la reconciliación con nuestro cuerpo femenino, el suelo pélvico, la vagina, el útero. Otra perspectiva más de mucha entrega, amor, dulzura y cariño sobre cómo cuidar nuestro cuerpo de mujer, cómo redescubrirlo y no estar en lucha constante con él.

Círculo Afrodita (@circulo_afrodita) – Es la cuenta de Mila Torró, terapeuta energética y terapeuta del ciclo menstrual, que trabaja la feminidad consciente y a ayudar a las mujeres a liberar el dolor de su útero y brillar. Mila fue la primera persona que me tendió la mano en Instagram a principios de 2019 para hacer mi primer live/directo conjunto y luego grabamos 2 programas más para YouTube sobre mi cuaderno menstrual. Mila para mí es una mujer muy especial, llena de luz y cariño, que a través de sus terapias, cursos y talleres ayuda a muchas mujeres a re-encontrarse con ellas misma y a sanar su feminidad herida.

Te invito a que no te quedes sólo con estas cuentas que te resumo. Puedes encontrar muchas más. Lo ideal es que sigas a aquellas que resuenan contigo y te aportan contenido de valor para tu aprendizaje sobre ti misma, tu cuerpo, tu mente, tus emociones y potencial creativo innato. Lo mismo aplica para las webs y apps que te menciono en este apartado.

Apps para seguir las fases lunares en sistema Android

Estas aplicaciones te ayudarán a hacer un seguimiento más minucioso de las fases de la luna, lo cual podrá ayudarte con el conocimiento acerca de tu propio ciclo. Si quieres caminar aún más de la mano de las fases de la luna día a día estas apps podrán serte de ayuda. Hay una app que está en idioma inglés y la otra en idioma español. Es una cuestión de gustos, la app en inglés es un poco más sencilla y con menos funcionalidades que la app en español, pero estás muy bien. La app en español tiene anuncios y tendrás que permitir o rechazar ciertos permisos en tu teléfono para que funcione de la manera más óptima. Lee bien para qué es cada permiso, ya que puede que haya alguno que definitivamente no te interese activar.

1.- *My Moon Phase por Jake Ruston* (sólo en idioma inglés, pero es muy visual con respecto a la fase de la luna)

2.- *Fases de la Luna por M2Catalyst, LLC* (en español y con más funcionalidades que la app en inglés)

Apps para registrar el ciclo menstrual en sistema Android

Apps para registrar el ciclo menstrual en sistema Android

Estas aplicaciones te ayudarán a llevar un registro más organizado de tus ciclos menstruales. A pesar de que ninguna de ellas te ofrece la relación que guarda tu ciclo con la luna o los arquetipos femeninos, sí que son muy útiles a la hora de apuntar síntomas, estados de ánimo, predicción de la ovulación y días fértiles. Entre otros aspectos puedes apuntar notas personales cada día, los cuales puedes fácilmente relacionar con la teoría proporcionada en la parte teórica de esta agenda para guiarte mejor en tu diagrama lunar y encontrar los patrones que cada ciclo te va revelando.

No tienes que instalar todas ellas, con una es suficiente. Dependerá más que todo de tus gustos en cuanto al diseño y manera de presentación de los calendarios y distintas herramientas que cada aplicación ofrece.

1.- *Diario femenino*

2.- *WomanLog*

3.- *Period Calendar*

Apps para registrar el ciclo menstrual en sistema iOS (iPhone o iPad)

Esta aplicación sólo está disponible para teléfonos o dispositivos de Apple.

En la *App de Goddess Moon Dial* tendrás a tu alcance:

• Un *Diagrama lunar* donde podrás visualizar tus etapas del ciclo menstrual diferenciados por colores, la de los arquetipos femeninos y a la vez visualizar en qué fase de la luna te encuentras.

• El apartado de *Mis ciclos* es un historial completo de todos tus ciclos menstruales introducidos y tu sincronicidad con la luna.

• En *Mis Resultados* te ayudará a tener una visión global de como tu menstruación se sincroniza con la luna para mover tus emociones en la mejor dirección en tu vida.

Esta aplicación no ofrece tantas alternativas en cuanto a opciones de síntomas y estados de ánimo, tampoco te ofrece la predicción de tus días fértiles, pero sí que es una herramientas bastante 336

poderosa para que empieces a entender tu ciclo en relación con la luna y los arquetipos, ya que a través de esta aplicación sabrás en todo momento la fase lunar en la que te encuentras y por cuál arquetipo estás transitando y cuáles son las características generales de dicho arquetipo.

Mi web y redes sociales

Expresión Interior (http://www.expresioninterior.com) – Aquí te pongo la dirección de mi blog-web. En el blog suelo publicar la mayoría de los post que escribo para Instagram, ya que no todo el mundo utiliza esa red social. Y desde mi blog, esas entradas también van para Facebook, Twitter y LinkedIn. Así que me puedes encontrar siempre en alguna plataforma.

@valentinaraventos (**Instagram**) Aquí es donde publico las cosas que pinto, diseño y creo. En 2019, esta plataforma se convirtió en mi mini blog y mi ventana para compartir contenido sobre creatividad, creatividad en la mujer, los mandalas como herramienta de autoconocimiento y el ciclo menstraul a través de la divulgación y promoción de este cuaderno menstrual. En mi canal de Instagram TV (IGTV) cada vez encontrarás más contenido relacionado con el ciclo menstrual y la creatividad. Esta cuenta de Instagram seguirá evolucionando con la esperanza de cada vez acompañar a más mujeres en su exploración por el ciclo menstrual y su potencial creativo innato.

@valentinaraventos (**TikTok** - Mini Videos) Esta cuenta apenas la abrí en octubre 2019. Es mi cuenta para experimentar con mini vídeos sobre el ciclo menstrual, ya que de momento esta plataforma sólo permite colgar vídeos de máximo 1 minuto de duración. Casi todos los vídeos que he subido hasta el momento tienen que ver con el cuaderno menstrual y el ciclo menstrual. Si tienes instalada esta aplicación te animo a que me sigas.

Canal de YouTube Expresión Interior(https://www.youtube.com/c/ExpresioninteriorVRM) Todavía no hay demasiados vídeos, pero son suficientes como para que curiosees las entrevista que me han hecho sobre el cuaderno menstrual, los lives que he hecho en Instagram (sobre el mini mandala challenge y el cuaderno) y que luego he subido a mi canal; así como los programas de ***Tertulias Selenitas*** que estoy realizando con Olga C. Morett de *@mujercronopio* (https://www.youtube.com/c/olgacmorett) cada dos viernes en directo desde su canal de YouTube. Lo más probable es que en 2020 empiece a darle un giro al canal, subiendo más contenido relacionado con el ciclo menstrual, la creatividad en la mujer, y todo lo relacionado con este tema que es tan fascinante para mí. Así que te animo a suscribirte a mi canal para que recibas contenido de valor sobre este tema.

Suscríbete a mi lista de correos y accede al vídeo de Guía de Uso de 13 Lunas

Como complemento a la guía de uso escrita presente en el cuaderno, te ofrezco el acceso gratuito a su contraparte en formato **vídeo de 1h**: la ***Guía de Uso 13 Lunas Cuaderno Menstrual***. Pon en tu navegador el siguiente URL/link/enlace http://bit.ly/GuiaUso13Lunas. Lo único que tendrás que hacer es suscribirte a mi lista de correos/newsletter para acceder al vídeo.

Agradecimientos

A mi marido, gracias por tu infinita paciencia a lo largo de todos mis procesos de cambio y por tu profundo amor. A Francisco, mi terapeuta, sin tu guía no hubiese entendido muchos de los mensajes de mi inconsciente y probablemente hubiese tardado mucho más en encontrar nuevamente el camino hacia mi identidad y deseos del alma. A mi madre, gracias por tus consejos a lo largo de la puesta en marcha de este proyecto y tu incondicional apoyo. A mi padre y a mi hermana, de quienes también recibo siempre el respaldo y cariño para llevar acabo mis ideas creativas. A Manuel Larruga, gracias por tu continua enseñanza como maestro. No sólo el contenido de tus clases y los ejercicios de Chi Kung me han inspirado para evolucionar como persona, sino que también admiro tu dedicación y ejemplo para que todos tus alumnos seamos personas conscientes del mundo en el que nos ha tocado vivir y nuestro rol en él. A mis alumnas María Jesús, Sylvia, Juana, Yolanda, Blanca e Isabel, gracias por permitirme ser parte de vuestro cambio personal y por acompañarme en el viaje de la luna y el diseño de esta agenda menstrual, durante su primera etapa. Vuestras opiniones fueron de gran ayuda en algunos puntos clave del desarrollo de este proyecto. A Ana Belén, por escucharme y darme siempre tu feedback con respecto a las herramientas que estaba diseñando en este cuaderno, hay ideas que me las inspiraste tú. A Karla y Moraima, mis terapeutas de acupuntura. A ti Karla por tu dulzura y por alentarme en los primeros estadios, cuando no conseguía centrarme para empezar a escribir el contenido de este libro-agenda. Y a ti Moraima, por tu escucha incansable, por responder a mis incesantes preguntas, y por ser un vínculo más que me recordó a mis raíces y a nuestra tierra Venezuela. A mi amigo del alma Ricardo, por ayudarme siempre en todas mis dudas sobre cómo autopublicar un libro; sabes que eres mi referencia para todo lo relacionado con estos temas y más. A Nancy Arellano, cuyo mensaje astrológico me ayudó a terminar este proyecto justo cuando ya estaba a punto de dejarlo indefinidamente abandonado por mi necesidad de querer entregar algo "perfecto" y "sin errores" al mundo, corrigiendo incesantemente detalles y textos de forma lenta y continuada.

Y por último, *gracias a ti* que has decidido adquirir este cuaderno de trabajo para tu autoconocimiento y desarrollo de tu potencial creativo innato. Espero que puedas aprovechar al máximo el contenido que comparto y te maravilles de ti una y otra vez.

Sobre Mí

Mi nombre es Valentina y ante todo soy mujer y un ser muy sensible. Desde muy pequeña era evidente mi pasión por plasmar en palabras o dibujos mi mundo interior lleno de imágenes y, posteriormente, como una manera de interpretar y darle sentido al mundo y circunstancias externas que invariablemente tienen un efecto constante en mi psique. Pudiera presentarme ante ti como artista, escritora, terapeuta, profesora u otras de las muchas cosas que he aprendido, estudiado o que actualmente pongo en práctica. O comentarte que también me encanta leer e investigar para entender las conexiones de las cosas (situaciones, conductas, patrones de pensamiento y emociones, disfunciones del cuerpo físico, el rol de la alimentación, etc). Pero esas son cosas que hago, cosas que me sirven como herramienta para poder expresar mi ser interior, mi esencia.

Considero más importante decirte que creo en la creatividad, tanto propia como de terceros, que me maravillo ante el ingenio de los demás y muchas veces son fuente de inspiración. También creo en la belleza de las emociones, todas y cada una de ellas, son un caudal infinito de creación y transformación. Así como creo en las redes de apoyo, esos grupos de personas en las cuales puedes confiar tus miedos, dudas, alegrías y éxitos y que te ayudan cuando tienes crisis de desvarío o desfallecimiento ante tus sueños y deseos más íntimos. Esas personas que incluso te ayudan a recordar quién eres y porqué estás aquí.

Esas cosas en las que creo son la base del espacio que he llamado Expresión Interior. Un espacio, un proyecto, pensado para poder expresar y divulgar mi propia creatividad, así como ofrecer a través de clases, talleres, artículos, post, etc., las herramientas para que otras personas exploren y expresen su mundo interior.

Mi propio proceso de reencuentro y exploración de mi esencia femenina, hace además que este proyecto y las ideas que divulgo, se centre en las mujeres y la búsqueda y re-descubrimiento de nuestro maravilloso potencial creativo. Por tanto, tengo un especial interés en que las mujeres puedan expresar su creatividad y re-conectar con su esencia femenina, con su cuerpo y con su útero.

Para mí, el encontrarnos de nuevo en un sitio en donde estemos cómodas, en dónde sintamos que tenemos la libertad para expresarnos y que además no padezcamos de múltiples patologías físicas (o por lo menos no seguir incrementándolas), es necesario que regresemos al cuerpo, a nuestro útero, a nuestro ciclo menstrual, a la influencia de las estaciones en nuestros estados de ánimo, al efecto que tienen las diferentes fases de la luna sobre nuestro ciclo, y sobre todo regresar a nuestros sueños, a nuestros instintos, a nuestras emociones, y a nuestra forma tan particular de ver el mundo.

Valentina Raventós Márquez.

Made in the USA
Middletown, DE
15 December 2019